Smithsonian Institution
LOOK
스미스소니언
사진展
2016 12.9 sat.
2017 3.15 wed.

This Exhibition is co-organized by Smithsonian Magazine and Dcommunications,Inc

SMITHSONIAN

동대문디자인플라자 - DDP
배움터 둘레길

02 332 8011
www.looksmithsonian.com
www.dcomm.co.kr

주최 ddp Smithsonian Dcomm ARTCRUSH 주관 Dcomm ARTCRUSH 후원 주한미국대사관 특별협력 MICHUHOL ART CENTER 티켓 HNT 하나티켓 협찬 Nikon

알폰스 무하

모던 그래픽 디자인의 선구자 展

ALPHONSE MUCHA
PIONEER OF MODERN GRAPHIC DESIGN

2016. 12. 03

— 2017. 03. 05

예술의전당 한가람미술관 2층

주최 | Cj 컬쳐앤아이리더스 | 주한체코문화원 CZECH CENTRE   협력 | mucha 4 casa Hotel   후원 | 서울특별시   Embassy of the Czech Republic 주한 체코 공화국 대사관   체코이야기의 땅   협조 | 사회복지공동모금회   서울특별시동부병원

티켓 예매 | INTERPARK 1544-1555 www.interpark.com   전시 문의 | 02-6273-4242 http://alphonsemucha.modoo.at

FORNASETTI

PRACTICAL MADNESS

포르나세티 특별전

TUESDAY
2016.11.22

—

SUNDAY
2017.03.19

동대문디자인플라자
M1 배움터 디자인전시관 B2

—

DONGDAEMUN
DESIGN PLAZA (DDP)
M1 DESIGN EXHIBITION HALL B2

WWW.ART-MON.CO.KR

내가 기획한
전시회

전시회는 관람이라는 행위가 영감이 되는 자리다. 그동안 관람객으로 영감을 받았다면, 이번에는 직접 큐레이터가 되어 상상하던 전시를 열어 보기로 했다.

어라운드 사람들 展 | 발행인 송원준
5년이라는 시간을 지나오면서 함께 책을 만들어온 사람들에 대한 이야기를 한 적이 없는 것 같다. 첫 호부터 참여한 사람들의 이야기를 모아 보고 싶다. 사실 올해 50호를 기념하여 정말 그런 작업을 해볼 생각이다.

작가의 어린 시절 展 | 편집장 김이경
제주도에서 강요배 작가의 전시를 본 적이 있다. 여러 작품 사이에 작가의 어린 시절 그림과 일기장이 전시된 부분이 있었다. 아이가 화가가 될지 알 리 없었던 엄마가 오랜 시간 간직해 온 것이다. 거기에는 어릴 적 그의 그림을 사랑한 부모의 마음이 담겨 있었다. 나는 궁금해졌다. 내가 좋아하는 작가들의 어린 시절이. 그들의 그림이나 일기를 모아서 전시해 보고 싶다.

직장인 취미 展 | 마케팅 조수진
아크릴화를 배우기 위해 화실을 다니기 시작한 지 4개월 차에 들어섰다. 올해 그럴듯한 작품을 완성해 마루에 걸어두겠다는 목표도 세워 두었다. 어릴 적에는 유치원이나 초등학교에서 작품 전시회를 진행해 내가 만든 작품을 전시했었다. 전시된 내 작품을 보며 얼마나 많은 뿌듯함을 느꼈는지 모른다. 마찬가지로 직장인을 위한 직장인 취미 전시회를 열어보면 어떨까? 그림, 수집, 조립 등 어떤 형태의 취미이든 한데 모아 서로의 취미를 공유한다면 재미있겠다. 여유를 찾고 싶은 많은 직장인에게도 오롯이 나를 위한 시간을 만들어주는 값진 전시가 되지 않을까 생각해본다.

어른을 위한 동요 展 | 경영지원 박혜미
기분이 좋을 때를 동요를 흥얼거리는 나를 친구는 동요 주크박스라고 부른다. 세상에 아름다운 동요가 이렇게나 많은데 빛을 보지 못하는 것 같아 슬프다. 어른들을 위한 동화는 있는데 왜 어른들을 위한 동요는 없을까. 그래서 나는 동요 전시회를 열고 싶다. 어른의 크기에 맞춘 볼 풀도 만들고(부러웠어), 쿵쾅쿵쾅 뛰어놀면서 노래를 들으며 춤도 추고. 아이들과 함께 와도 좋고 어른들이 와도 어색하지 않은 곳. 잔잔한 동요는 소파에 편히 누워 헤드폰을 끼고 들을 수 있게 해야지. 행복해서 눈물을 흘리는 사람이 있을 거야. 분명히.

기억의 상자 展 | 에디터 김건태
처음 전시 공간은 비어있다. 양손으로 감쌀 수 있는 크기의 유리 상자만 수천 개 놓여있다. 관람객이 상자를 채운다. 꼭 기억하고 싶은, 혹은 기억해야만 하는 것을 그 안에 넣어둔다. 자물쇠를 채운 일기장, 아이의 안경, 노란 명찰, 리본 같은 것들. 앞서 말했듯 상자는 크기가 아주 작아서 넓은 공간은 필요하지 않다. 다만 그 안에 무엇을 넣어두었는지, 아무도 기억하는 사람이 없을 때까지 전시관의 문은 닫히지 않을 것이다.

침대맡 그림 展 | 에디터 이현아
침대맡에는 항상 무언가 붙어 있었다. 중고등학교 때는 따라다니던 밴드의 공연 포스터가, 대학생 때는 좋아하는 시들이, 지금은 집에 있는 나를 그린 그림 몇 장이 있다. 그림이 모이면 전시장을 방처럼 만든 뒤 사람들이 앉을 수 있는 아주 큰 침대를 놓고 전시를 하고 싶다. 아무래도 가장 사적인 가구이니 거기서 보면 뭘 봐도 좀 다르게 보인다.

사실은 사람이에요 展 | 에디터 정혜미
어라운드 사무실에는 고양이 세 마리가 있다. 이 녀석들의 희한한 행동이 찍힌 사진만 모아도 아마 백 일 동안 매일 다른 사진으로 전시하고도 남을 정도다. 전시는 내 무릎에 앉아 마치 회장님과 같은 포스를 내뿜는 '빵이' 사진으로 시작한다.

웨스 앤더슨 展 | 에디터 김혜원
웨스 앤더슨 감독의 영화 인생을 총망라한 전시. 아무리 커다란 전시장도 변태처럼 집요한 그의 정교함을 모두 담아낼 순 없지만, 일단 전시장 문을 열면 〈그랜드 부다페스트 호텔〉의 로비 보이가 반겨주고 입장권은 영화 속 여권에 도장을 찍어주는 형식이면 좋겠다. 그리고 미술관 카페에서는 멘들스 베이커리의 케이크와 빈스의 애플 사이다를 팔아야 한다. 비단 나만 가고 싶은 전시회는 아닐 거라 확신하는데, 그런 의미에서 누가 정말 기획해주면 안 될까요?

김혜수 컬렉션 展 | 에디터 이자연
배우 김혜수는 어느 인터뷰에서 한 작가에 빠지면 그 작가가 쓴 책을 모조리 읽어야 한다고 말했다. 그리고 국내에 번역되지 않은 책이 있으면 직접 구해서 따로 번역을 맡긴다고 덧붙였다. 개인 번역가를 두고서라도 자신이 좋아하는 작품은 탐독해야 한다는 그녀의 문화적 상상력이 놀라웠다. 자기가 좋아하는 일에 돈을 잘 쓴다는 건 이런 거겠지? 늘 품위 있고 당당한 그녀가 그토록 좋아한 작가는 누구일까? 어떤 작품이 그렇게 보고 싶어 안달이 났던 걸까? 김혜수 컬렉션에 꼭 한번 가보고 싶다.

삼십일(31) 展 | 디자이너 윤원정
얼떨결에 30대에 입문, 서른 한 살이 되면서 본격 서른 살이 시작되었다. 30대를 맞이하는 각오도 채 다지지 않고 1년을 보내고 새롭게 맞이하는 삼십 대의 두 번째 해. 내 앞에 던져진 이 막막한 시간을, 나의 동지들을 어떻게 맞이하고 있을지 궁금하다. 서로에 대한 위로를 그리고 격려를 나누는 쉼이 있는 공간을 만들고 싶다.

나의 유일한 위인 展 | 디자이너 최인애
졸업전시 작품으로 아빠의 인생과 다양한 직업을 중점적으로 다룬 '나의 유일한 위인'이라는 책을 낸 적이 있다. 책을 만들면서 아빠와 더 가까워지고 아빠의 새로운 과거(?)를 알게 돼서 책을 만드는 동안 재미있던 기억이 있다. 내 책을 읽던 다른 사람들이 각자의 아빠를 얘기하며 새로운 대화거리로 소통하는 것을 보면서 '엄마 편도 만들까?'싶을 정도였다. 그 경험을 안고 '나의 유일한 위인' 책의 두 번째 무대로써 〈나의 유일한 위인〉展을 열어 더 많은 사람이 이 책과 그들의 아버지에 대해 이야기를 나누는 것도 좋을 것 같다.

MUSEUM

전시장을 찾은 사람들을 지켜본 적이 있다. 거기에는 그림이 있고, 두세 뼘 간격을 두고 젊은 남자가 서있었다. 남자는 최대한 가까이에서 그림을 보다가 뒤로 나와 전시장의 기둥에 몸을 기댔다. 잠시 머리를 쥐어짜는 듯하더니 다시 자신만의 동선으로 발걸음을 옮겼다. 스케치북과 연필을 꺼내어 무언가 그리기 시작했다. 잠시 후에는 어린아이가 엄마와 함께 그림을 보다가 바닥에 앉아 종이에 무언가를 적었다. 서로 손을 잡고 한 그림만 한참을 보고는 가버리는 노부부도 있었다. 작품은 그 자체보다 사람과 간격을 유지하며 함께할 때 가 장 아름답다. 그들은 이곳에서 무엇을 본 걸까. 아름다운 작품의 앞면을 보고 있자면 그림 뒤편에서 이런 광경을 만들어내는 사람이 궁금해진다. 전시장을 수십 번 가도 제대로 만나볼 수 없었던 사람들. 그들은 우리가 어떤 방식으로 작품을 대하기를 바랄까. 수백 년도 더 지난 이 작품은 어떻게 내 앞에 이리도 멀쩡한 모습으로 와있는 걸까. 많은 물음을 품은 채 작품을 둘러싼 사람들을 만났다. 작품이 우리에게 오기까지 그리고 그 이후의 이야기를 들었다.

편집장 **김이경**

영상 이와Iwa　모델 박정순　장소 제주 파라다이스 ZIP　에디터 이현아

세련될 것만 같은
그 일의 오해와 진실

큐레이터 김현진

한때 문화재를 공부한 적이 있다. 당시 졸업 후에 무엇을 할 거냐는 물
음에 "나는 큐레이터 할 거야. 멋있잖아."라고 대답하곤 했다. 사실 큐
레이터에 대해 전혀 알지 못했지만 단지 세련된 일이 아닐까 추측하
며 아무렇게나 뱉은 말이었다. 하지만 나는 그 공부를 끝까지 마치지
않았고, 결국 큐레이터는 상상 속의 일로 남게 되었다. 진짜는 어떨까.
상상이 현실이 되었을 때 나는 여전히 아무렇게나 오해할 수 있을까.

에디터 **김건태** 포토그래퍼 **안가람** 장소 제공 **하트HART**

조금 더 깊은
큐레이터의 일

먼저 큐레이터에 대해 간략하게 설명해주세요.

큐레이터라는 말의 어원에는 'Care(돌본다)'라는 의미가 있어요. 작품을 돌보는 사람이죠. 처음 뮤지엄이 생겼을 당시만 해도 유물을 수집, 보관, 관리하는 일이 가장 중요했기에 큐레이터는 관리자의 역할이 컸다고 봐요. 그런 큐레이터가 미술계에 부상하기 시작한 건 1990년대부터예요. 이전까지 작가의 작업을 평가하고 미술계의 트렌드를 제시하는 게 평론가의 일이었다면, 미술이 글로벌한 지평으로 확장된 후에는 현장의 구도를 파악하는 것이 더욱 중요해졌거든요. 큐레이터 업무의 핵심은 작가와 함께 작업에 대해 이야기하는 거예요. 기관으로 통칭되는 미술관 현장에서 양쪽의 입장을 조율하는 것도 큐레이터의 몫이죠. 그 외에도 세계 곳곳의 작업을 리서치하는 것 역시 큐레이터의 역할이 되겠네요.

큐레이터라고 하면 한적한 미술관을 거닐며 관람객에게 작품을 설명해주는 고상한 이미지가 떠올라요.

대중매체가 그려내는 이미지에 비해 훨씬 더 현장 중심적이고 역동적인 작업을 해요. 물론 전시 오프닝 파티를 하는 순간만큼은 손님을 맞기 위해 세련된 복장을 갖춰 입죠. 하지만 그건 극히 일부에 불과하고 그 이전까지는 전쟁터나 다름없어요. 큐레이터는 고상한 작업을 한다는, 일종의 부르주아 문화로부터 오는 편견이 있는데 실제 미술 현장의 많은 작가나 큐레이터의 인식과는 괴리가 있어요. 어떤 경우에는 그렇게 연기하는 것이 거북하게 느껴지기도 하고요. 사실 그런 겉치레보다는 어떻게 하면 더 문화적으로 미술 본원의 가치를 드러낼까 방법을 고민하죠.

현장에서는 주로 어떤 일을 하나요?

하나의 영화를 만들 때 다양한 분야의 스태프가 필요하듯 작가의 작업을 실현하기 위해 전시 공간을 디렉팅해요. 작가와 협의해 작품을 배치하고 더 나은 구조를 만드는 거예요. 이때 같은 작품을 놓고도 큐레이터마다 맥락과 내러티브가 달라 전시가 전혀 새로운 모습으로 발현되기도 해요. 가령 개인전을 기획한다면 작가가 가진 다양한 모습 중 어디에 더 집중해 장점을 드러낼 수 있을지, 어떻게 정수를 뽑아낼 수 있을지 먼저 판단하는 거예요.

공간을 기획할 때 어디에 중점을 두나요?

아르코미술관에서 니나 카넬Nina Canell의 전시를 진행한 적이 있어요. 한국의 문화와 미술적 맥락을 고려해서 초대한 경우라고 볼 수 있죠. 하나의 전시를 기획하더라도 전체 공간에 비전을 가지고 의제를 설정하는 것이 중요해요. 독립 큐레이터로 작업할 때는 프로젝트별로 새로운 시도를 할 수 있지만 미술관 같은 기관 큐레이팅의 경우 기획 간의 연결성이 요구되죠.

독립 큐레이터와 기관 큐레이터가 크게 다른가요?

기관은 안정적인 예산과 조직력 같은 하드웨어가 장점인데 반해 독립 큐레이터는 전시에 필요한 대부분의 것을 스스로 조달해야 한다는 어려움이 있어요. 어떤 면에서는 기관에서 일하는 게 더 나은 것처럼 보일 수도 있지만, 기관의 대중성이 반드시 전문성을 담보하는 건 아니라고 생각해요. 어쩌면 고루하거나 보수적인 면 때문에 비전을 보여주지 못하는 경우가 더 많죠. 반면 독립 큐레이터는 굉장히 규모도 작고 열악하며 불안정하지만 자신의

⟨Two Hours, 2016⟩

관점을 보장받으며 활동할 수 있어요. 창의적인 활동이 가능하죠.

독립 큐레이터로 오래 활동했다고 들었어요.
저 같은 경우 처음부터 독립 큐레이터의 길을 선택했어요. 당시에는 제가 하고 싶었던 작업과 기관 사이에 좁히기 힘든 틈이 있었거든요. 대안공간 루프, 쌈지 스페이스, 아트선재센터와 네덜란드 반아베미술관Van AbbeMuseum 등에서 객원 큐레이터로 일을 했죠.

관람객은 주로 어떤 전시를 선호하던가요?
저는 우리나라 일반 관람객의 문화 수준이 결코 낮지 않다고 생각해요. 다양한 것들을 역동적으로 흡수하는 문화적 소양이 갖춰져 있기 때문에 지적 호기심도 굉장히 높은 편이죠. 단순히 돈으로 그럴싸하게 만든 전시가 아니라 내용적으로 성숙하고 지적 호기심을 자극하는 전시일수록 더 오래 집중하면서 관람하는 문화가 있어요. 제가 일민미술관에서 기획한 전시 역시 지식생산형의 시각 예술 전시였어요. 내용이 급진적이라는 일부 평가가 있었지만 실제 관람객의 숫자나 반응은 성공적이었거든요. 아이러니한 일이죠.

대중성이 전시의 성공을 위한 필수조건은 아닌 거네요.
보통 문화 정책을 세우고 판단하는 건 관련 공무원이나 기관장이에요. 저는 그들이 '무엇이 더 대중적인가'를 판단하는 근거가 굉장히 협소하다고 생각해요. 현장의 흐름을 전문적인 시각으로 이해하지 못한 채 정책과 방향을 제시하는 건 의미가 없다고 보거든요. 관람객이 무엇을 원하는지 알아야 하고, 그들이 가진 지적 호기심과 시각적 새로움에 대한 욕구, 시각과 사고의 연결에 기반을 둔 새로운 영역을 만드는 거죠. 이때 작가와 큐레이터 같은 전문가의 의견이 필요하고, 또 그것을 신뢰하는 분위기를 만드는

것이 선행되어야 할 거예요.

현장에서 본 미술계, 특히 작품의 흐름이 궁금해요.
사실 지역과 국가별로 다른 부분이 있어서 통일된 하나의 흐름을 말하기는 힘들어요. 하지만 크게 보자면 2000년대 이후에는 정치와 미학의 갈등, 혹은 양자의 병합을 다룬 작품이 눈에 띄어요. 일반 사회적인 문제, 정치적·윤리적 갈등, 타자에 대한 이슈, 이민사회의 문제 등이 화두가 되는 것처럼 미술 작품 안에서도 현실과 관계를 맺는 주제에 주목하는 것 같아요.

형식적으로는 어떤가요?
흔히 알고 있는 회화와 조각의 영역뿐 아니라 진화한 형식 언어, 그러니까 퍼포먼스의 영역으로도 나타나요. 오늘날 미술의 수용력이 커짐에 따라 다른 장르의 예술을 흡수하는 성향을 보이는 거죠. 현대무용 같은 공연계의 퍼포먼스나 영화 장르 역시 미술적 언어 안에서 흥미롭다면 미술작품이 될 수 있겠죠.

미술적 언어에 대해 조금 더 이야기해주세요.
어떤 장르든 나름의 언어가 있고 그 형식 안에서 비평적 판단을 해요. 미술 역시 오래된 역사 속에서 성장해왔기에 그 전체를 보지 않고는 파악하기 힘들어요. 제가 미술 언어를 이야기할 때 가장 중요하게 생각하는 것 역시 그동안의 역사와 만나는 역사성, 고도의 통찰력, 어떤 통렬함 같은 거예요.

대화가 조금씩 어려워지고 있는데요(웃음). 이야기를 듣다 보니 큐레이터와 비평가의 역할이 모호해지네요.
보통 큐레이터를 글을 쓰는 사람과 쓰지 않는 사람으로 나누기도 해요. 이

때 글이란 간단한 전시 소개 외에 전문성이 요구되는 글을 말하죠. 예전에 평론가가 했던 역할을 나눠 갖는 건 사실이에요. 그건 처음에 이야기했던 큐레이터의 역할 변화와 연결되는데요. 현대예술의 급격한 변화로 평론가와 작가 사이에 미묘한 괴리가 생기면서, 상대적으로 작업의 진화를 더 가까이에서 목격한 큐레이터가 직접 글을 쓸 수밖에 없었던 거예요. 어떤 작업은 단순히 결과물만으로 평가할 수 있는 것이 아니고 특수한 문화적 배경 안에서 읽히기도 하거든요. 활자에 기대는 또 다른 이유 중에 하나는 예산이라든지 이런저런 제약들로 전시 기회가 많지 않기 때문이에요. 작가와 큐레이팅에 대한 이야기를 할 기회가 많지 않기에 실전에 대비한 연습으로 글을 쓴다고 생각하는 거죠. 대개의 전시는 언어적 구성과 닮은 점이 많아요. 전시 공간 자체와 그 안에 들어가는 콘텐츠, 내러티브가 다음 전시로 어떻게 이웃해서 만나는지를 엮어내는 과정 속에 있거든요.

공간을 구성하는 공식이 있나요?

큐레이터마다 자기만의 방식이 있을 거예요. 저 같은 경우 다른 전시를 볼 때 그 작업의 배경과 역사를 중요하게 생각해요. 단일 전시로는 성공적일지 몰라도 그 전후의 전시와 함께 엮었을 때 무리가 되는 경우도 종종 있거든요. 고전문학과 통속 작품을 나란히 놓고 읽을 수는 없는 것과 같은 이치예요.

단일 전시에서 우선적으로 고려하는 부분이 있다면요?

우선적으로 관람객의 움직임을 생각해요. 단순한 동선뿐 아니라 어떻게 하면 더 흥미로운 방식으로 전시가 만들어질까 고민하는 거예요. 기관에 속한 큐레이터가 조직 운용에 강점을 갖는다면 저는 큐레이팅이 예술적인 영역 안에서 어떻게 더 정밀하고 특수하게 만들어질 수 있을지 관심을 가지는 편이에요.

'전시에서 공간은 마치 시를 써내려가는 종이와 같다. 언어의 개념과 의미에 구속되지 않고 리듬과 단어의 마찰음, 여백, 문법 전복 혹은 양식화되거나 정형화된 통사 운용을 거부하거나 저항하는 방법을 통해 새로운 시가 쓰이고 이러한 속에서 시의 실체가 만들어지듯이, 나에게 전시 과정도 다분히 그러하다.'

– 김현진, 〈위태롭고 자유로운〉 중에서

전시 공간에 대해서 쓴 글을 본 적이 있어요. 이 말을 도발적으로 해석한다면 작품을 선택하고 배열하는 편집자의 역할보다는 창작자의 영역에 가까워 보여요.

아무래도 빈 전시관에 서있을 때 흥분되는 무엇이 있어요. 직접 작품과 작품 사이를 걸으며 몸으로 시간을 재고, 그 순간에 많은 것들을 떠올리게 되거든요. 그만큼 전시 기회가 쉽게 주어지는 경험이 아니라서 더 애착이 가는 것 같아요. 하지만 이런 과정들은 독단적으로 가능한 일은 아니고 작가와의 원만한 관계가 우선이에요. 인간 대 인간으로 일하는 것이기에 서로 존중하고 지지하며 신뢰를 쌓는 것이 중요하죠.

같은 맥락에서 네덜란드 반아베미술관에서 기획한 〈규정되지 않은 군중들Undeclared Crowd〉이 흥미로웠어요. 기울어진 벽을 이용한 전시였지요?

당시 미술관이 새로운 디렉터를 맞이하면서 외부 기획자들의 수혈을 받겠다고 선언했어요. 관행적인 소장품 전시에서 벗어나 새로운 방식을 만들겠다는 의미였죠. 저는 기울어진 벽을 만들고 그 위에 작품을 걸었어요. 멀리서 볼 때는 알 수 없지만 가까이 다가갈수록 벽이 쏟아지는 듯한 경험을 주고 싶었어요. 작품을 안전하지 않은 방식으로 위치시키고, 불안정한 상태로 기울어져 있다는 것이 그들에게 충격적으로 다가왔던 거 같아요.

〈벗힐 수 없는 군중들, 2006〉

조금 더 나은
큐레이터를 위하여

전시를 통해 무엇을 말하고자 했나요?

당시 서구에서는 자신들이 만든 이성 위주의 모더니즘 영역을 반성하는 시도들이 많았어요. 하지만 여전히 미술관은 수직과 수평을 엄격하게 지키며 이성적인 공간으로써의 역할을 다하고 있었죠. 통제와 규율, 고답적인 하얀 공간. 자신들이 가진 한계를 외부인의 처지에서 경험하게 하고 싶었어요. 제가 시도한 건 작은 제스처에 불과할 테지만 전시를 통해 흥미롭게 방해하는 것이 일종의 영감이 되지 않았나 싶어요. 당시에 누가 전시를 기획했는지도 모르는 채로 자주 회자되었다고 들었어요.

관람객의 반응이 궁금해요. 어렵다고 느끼지는 않았나요?

대체적으로 흥미로워했어요. 사실 이런저런 시도를 할 때면 제가 관람객을 중요하게 여기지 않는다고 생각하는 사람도 종종 있는 것 같아요. 하지만 작가든 큐레이터든 관람객이 없다면 전시를 만들 이유가 없겠죠. 물론 더 많은 수익을 얻기 위해 타협을 하지는 않아요. 어떻게 하면 사람과 미술이 서로를 열고 만날 수 있을지 고민할 뿐이에요. 일상적으로 경험하지 못하는 것들을 환기하면서 닫힌 영역을 만날 수 있는 경험 말이에요.

환기의 경험이요.

그 환기가 단순히 여가생활인지는 모르겠어요. 다만 조금 더 통렬한 경험이기를 바라요. 단순히 쉬기 위해 미술관에 가는 사람도 있겠지만 시각적인 경험은 다른 의미의 지적 경험이거든요.

사실 영화관이나 서점보다는 미술관에 갈 때 조금 더 진지한 마음을 가지게 돼요. 어떤 의미로는 부담스러운 느낌. 그런 점에서 최근 몇몇 상업적으로 성공한 전시들을 보면 상대적으로 접근이 쉬운 사진전이 눈에 띄어요.

제가 지향하는 영역은 아니기에 쉽게 이야기할 수는 없을 것 같지만 모든 미술관은 나름의 존재 이유가 있다고 생각해요. 최근 성공한 사진전들 역시 일부 '힙스터 컬처'만을 발생시킨다는 우려가 분명 존재하죠. 하지만 전시 자체도 수려하고 젊은 층에게 접근성이 높아 미술관을 즐기는 문화를 창출하는 데 공이 있다고 생각해요. 그러나 분명히 생각해볼 점은 많은 사람이 읽지 않는다고 시집이 필요 없는 게 아니듯, 그런 류의 전시가 미술관의 대표적인 예시가 되는 것이 바람직할까 하는 의문이 있어요.

미술관의 올바른 예시라면 어떤 모습일까요?

어느 순간부터 미술관이 백화점처럼 변하고 있다는 생각이 들어요. 카페와 레스토랑, 기념품 가게 등 부대 서비스가 전시보다 더 주목받는 현상이 두드러지죠. 언젠가 남미의 미술관을 둘러본 적이 있는데 작품과 전시의 수준이 상당했어요. 그 흔한 카페도 하나 없이 오로지 미술을 사랑하는 환경을 만들기 위한 노력이 느껴지더라고요. 저는 그런 고전적인 미술관 모델이 나쁘지 않다고 생각해요. 절에 방문하는 목적이 차를 마시기 위해서는 아니잖아요(웃음). 어느 순간 잊힌 미술관 본연의 역할을 되찾기 위한 노력이 필요해요. 지금의 미술관은 아름답지 않은 경우가 더러 있어요.

아름다운 공간은 곧 아름다운 전시를 통해서만 가능할까요?

아름다움을 추구하는 여러 측면이 있겠지만 무엇보다 지향점이 정확했으면 좋겠어요. 미술 지평의 변화 안에서 역사를 알지 못하면 그저 눈으로만 그런 '척' 하는 힙스터 코드만을 생산할 뿐이에요. 계열과 계통의 깊이를 무시한 채 단순하고 가벼운 자극만을 추구하는 건 원치 않아요. 저는 미술이 많은 것을 수용하는 확장력만큼이나 그 안의 엄밀성을 다시 한 번 끄집어낼 필요가 있다고 생각해요.

하지만 넓게 확장하는 것과 깊이 들어가는 것, 두 가지가 공존하기는 힘들지 않을까요?

모든 큐레이터를 대변하는 건 아니고 저만의 생각이라는 것을 먼저 말씀드리고 싶어요. 최근 1~2년 동안의 전시를 살펴보면 산뜻하고 아름다워 보이는 디자인적 요소에 치우친 경우가 많았어요. 취향의 반영일 수 있겠다고 양보해 봐도 아무런 영감도 받지 못했죠. 어떤 부분에서 저는 굉장히 편협한 사람일 수도 있고요(웃음). 물론 디자이너가 책을 만들고 전시를 할 수는 있어요. 하지만 마치 전시가 최종 성취인 양, 모든 장르가 미술관으로 들어가는 것을 중요하게 생각하는 현상이 우스꽝스럽더라고요. 남발되는 전시는 공해와 같아요. 그건 기획자의 탓이 크다고 생각해요. 기관을 운영하는 사람들이 전시를 서비스 콘텐츠처럼 남발하고, 소재가 고갈되면 미술적 심도를 키우기보다는 관점 없이 이것저것 다른 장르를 융합해 마치 트렌디한 것처럼 제공하는 것. 그리고 성공을 하면 다시 재탕 삼탕 활용하는 것들이 개인적으로는 재미없더라고요.

관점의 부재가 가장 큰 문제인가요?

어떤 영역이든, 설령 그것이 예술이 아니더라도 깊이가 있다면 영감을 준다고 생각해요. 미술관에서 만나는 것 자체를 반대하는 게 아니라 타당한 이유와 당위성을 가져야겠죠. 미술관을 운영하고 기획하는 사람에게 비전과 철학은 필수적이에요.

철학 이야기가 나왔으니 이어가 볼게요. 큐레이터 작업을 하며 이론적 토대가 되었던 사건이나 경험이 있나요?

저의 성장의 시기에는 함께 깊은 대화를 나눈 작가 동료들과 선배 큐레이터들이 있었어요. 운이 좋게도 오쿠이 엔위저Okwui Enwezor나 찰스 에셔 Charles Esche 같은 세계적인 큐레이터와 일할 기회가 있었거든요. 그들은 조직과 미술관 모델을 진화시키는 훌륭한 디렉터이자, 혁신적인 비전을 제시한 큐레이터였어요. 이론과 현장의 리더십을 동시에 갖추는 법을 배울 수 있었죠.

좋은 큐레이터의 조건이란 크게 기술과 리더십 두 가지로 볼 수 있는 거네요.

사실 그 두 가지를 따로 떨어뜨려서 생각할 수는 없어요. 결국 어떤 기술적인 작업이든 가장 먼저 관계하는 것은 작가, 즉 사람일 테니까요. 현장의 모델을 바꾼다는 것은 굉장히 많은 요소가 필요해요. 단순히 정책을 내놓는다고 해결되는 게 아니라 대화와 소통의 작업이 선행되어야 하죠.

잘은 모르지만 작가와 큐레이터의 관계가 그렇게 편할 것 같지는 않아 보여요.

깊은 우정과 신뢰가 있으면서 동시에 갈등도 하는 그런 관계예요. 사실 좀 복잡한 문제이긴 한데 저 같은 경우는 작가와 개인적으로 가깝게 교류하지만 어느 순간 작가와 작품을 분리해서 생각하려 해요. 기본적으로 작가를 존중하며 전시를 기획하지만 제가 확신 있을 때는 논쟁이 있더라도 원하는 방향을 이끌어내려 하죠. 바로 그 부분에서 갈등이 생기는데요. 작가가 자신의 작품을 몰라보는 경우가 종종 있어요. 훌륭한 작업을 두고 스스로 염세적이 되어 가능성을 저해할 때 작가가 미워지곤 해요(웃음).

원석을 발굴해 닦아주는 역할이네요. 상대적으로 큐레이터는 작가나 공간에 비해 잘 보이지 않는 것 같아요. 큐레이터의 이름을 기억하는 사람이 없어서 서운하지는 않나요?
꼭 다수에게 이름을 알릴 필요는 없다고 생각하는 편이라 크게 서운하지는 않아요(웃음). 요즘에는 일부나마 전시관 앞에 큐레이터를 명시하기도 하고, 그룹 전시의 경우 큐레이터가 저자화 되는 경우가 강해서 오히려 작가들이 불만을 가질 때도 있어요. 나름 공평한 기회가 있는 거죠. 그보다는 오히려 함께 전시를 꾸미는 작가들이 동등한 동료의 입장으로 큐레이터의 작업을 인식하지 못할 때 더 서운해요. 작가의 미술적 지향과 큐레이터의 리서치를 공유하며 함께 비전을 이야기했으면 하거든요. 제가 큐레이터로서 갖는 존재감이나 명성과는 별개로 가장 존중하는 작가와 관심의 지형도가 변하거나 갈라지는 순간이 생길 때 고민을 하게 되죠.

이제까지 눈여겨보지 않았지만 앞으로는 큐레이팅을 생각하며 전시를 관람할 것 같아요. 그런 의미에서 '잘 보는 법'에 대해 조언해줄 수 있나요?
작품 하나하나의 의미를 살피는 것도 중요하지만 작품과 작품 사이의 연결고리를 함께 들여다보는 것도 재미있어요. 그 사이 관계가 위배적일 때도 있고 유사하게 연동될 때도 있을 텐데, 모든 요소마다 나름의 이유가 있거든요. 처음부터 끝까지 보이지 않게 흘러가는 흐름과 두드러지는 요소들, 무게감, 전시를 통해 건드리고 말하고자 하는 것을 가늠해보시라고 추천하고 싶네요.

'아는 만큼 보인다'는 말이 있잖아요. 저는 머리가 아닌 살갗으로 작품을 감상할 때 더 많은 영감을 받는 편이라 어떤 게 옳은지 모르겠더라고요.
전시에 따라서 감상법이 다를 거예요. 미학적 체험 위주의 전시는 가급적 집중해서 오래 보는 것으로 충분할 거고요. 머리로 이해하는 전시는 작품 주위에 정보가 제공되니 그것을 참고하면 돼요. 둘 모두 시간을 오래 두어야 한다는 공통점이 있겠네요. 사실 작품을 읽는 근육과 문학적 소양의 차이로 저마다 느낌이 다를 수 있어요. 그런 능력이 없다고 쉽게 좌절하기보다는 꾸준히 감상하는 것이 중요해요. 당장 눈앞의 작품에 대해 몰라도 나중에 찾아본 뒤 처음의 이미지와 연결할 수 있다면, 그것이 확장하며 또 다른 영감을 불러올 테니까요.

마지막 질문은 다시 처음의 마음을 물어보고 싶어요. 그리고 지금은 어떤가요?
처음에는 글 쓰는 것에 관심이 많았어요. 그러다 작가들과 현장에서 생생하게 교류하는 것에 흥미를 느껴 여기까지 오게 되었죠. 그때나 지금이나 재미는 있어요. 하지만 무엇이든 직업이 되면 순간적인 즐거움을 제외하고 나머지는 힘들죠. 그래서 요즘 관심사는 그 순간의 즐거움을 어떻게 극대화시킬까 하는 부분이에요. 독립 큐레이터로 일하는 이상 행정 업무나 조직 관리같이 정신을 갉아먹는 일에서 자유롭잖아요(웃음). 그만큼 저의 동료와 작가 그리고 다른 아티스트와 함께 흥미로운 관계를 유지하며 일하고 싶어요. 어쩔 수 없이 따라오는 피폐함을 어떻게 하면 익사이팅한 지적 교류의 상태로 전환할지 고민하면서 말이에요.

'작가나 큐레이터는 자기 전시와 작업에 대해 늘 너무 많이 떠들면서 스스로 전시의 은밀하고 풍요로운 영역을 오염
시키기도 한다. 그 때문에 스스로 자기 전시를 해제하고 설명해야 하는 큐레이터에게 이것은 일종의 저주와도 같다.
이를 경계하기 위해 물론 나 역시 입을 다물고 전시를 공간의 살아있는 시간 속에서 발각될 무언가로 남겨두고 싶기도 하다.'

– 김현진, 〈위태롭고 자유로운〉 중에서

그의 손을
빌렸다

미술품 복원가 김주삼

'손을 빌린다.' 누군가의 도움을 받는 상황을 표현하는 관용어
다. 전시회에서 큰 어려움 없이 마주할 수 있는 그림에, 아무
도 모르지만 우리가 빌리고 있는 손이 있다. 작품에 숨결을 불
어넣는 손, 거친 도구와 섬세한 시선으로 예술을 세대와 세대
사이로 흐르게 하는 손, 미술품 복원가 김주삼 소장의 손이다.

에디터 **이자연** 포토그래퍼 **박소영**

예술로 향한
청년

대학 시절 원래는 화학 전공을 하셨다고요. 미술품 복원이라 하면 보통 미술계 계통 출신이라고 생각하는 편인 것 같아요.

제가 공부할 때도 해도 국내에 미술품 복원에 관한 인식이 체계화되어 있지 않았거든요. 용어부터 과정까지 정립이 필요한 단계였어요. 무엇이든 기본 개념이 가장 중요하잖아요. 아는 내용이라고 쉽게 풀어만 낸다고 해서 금세 이해되는 것도 아니니까요. 그래서 프랑스 파리 1대학으로 유학을 떠났죠. 프랑스의 경우 미술품 복원이 무언지 기본적으로 잘 알고, 사람들의 관심도 높았어요.

미술품 복원가라면 복원과 관련된 작업만 하는 건가요?

일반화할 수는 없겠지만 제가 하는 일을 중심으로 설명하자면 사고나 시간에 의해서 작품이 손상됐을 때, 작가가 최초에 품었던 생각을 전달할 수 있게끔만 도와주는 것을 복원이라고 봐요. 이따금 복원이라고 하면 새로 그리는 것을 생각하는 사람들도 있어요. 재창조처럼요. 그렇기보다는 치료 개념이라고 보면 돼요. 작품에 갑자기 상처가 났다고 생각해봅시다. 작품 속에서 균열이 났든 구멍이 났든 색이 바랬든 그 부분은 작가의 의도가 전혀 아니잖아요. 원래 작품의 일부였던 모습처럼 치료하는 거죠. 미술작품 자체가 굉장히 섬세하기 때문에 그림의 재료나 기법에 따라서 복원 방식도 섬세해져야 해요. 또 작품의 컨디션 체크를 하기도 해요. 어마어마한 가치의 작품들이 비행기를 타고 넘어 오잖아요. 비행기에 실리기 전부터 컨디션 리포트를 만들기 시작하죠. 떠나기 전 이 작품이 어떤 상태였는지 기록하는 거예요.

복원뿐만 아니라 컨디션 체크를 하는 일도 복잡하겠네요.

책임 소재 때문이에요. 처음부터 문제가 있었는지, 운송 중에 문제가 있었는지 과정을 잘 파악해야 하니까요. 실제로 컨디션 체크를 하는 사람들과 호송인이 작품과 비행기에 같이 타요. 그래서 미술관에 전달이 되면 한 번 더 컨디션 체크를 하고요. 전시 기간이 지나면 또 출발 전에 확인을 하죠. 이런 컨디션 체크는 미술품 거래에서도 진행돼요. 작품의 상태가 건재하다는 것을 입증해주는 증명서가 필요하니까요.

국내에서 복원가로 활동을 하면서 어려운 점도 있을 것 같아요.

한국은 문화재 복원의 역사가 그렇게 오래되지 않았어요. 필요성을 자각한 게 얼마 안 됐으니까요. 외국은 100년도 넘은 과거부터 진행해왔거든요. 우리는 내전도 겪었고, 문화적 가치나 역사성 등을 고려하기 보다는 돈이 되는지 골동품인지를 재는 시선만 있었던 거예요. 발굴사업을 하면서 철기

시대 유물이 나오면 그제야 복원사업을 착수하는 주먹구구식으로 진행되었죠. 어떤 규칙이나 체계를 깔끔하게 갖춘 경우가 거의 없었다는 것은 그 분야에 대해서 확실히 공부했던 사람들이 많지 않았다는 거예요. 그렇다 보니 시간이 흐를수록 거기서 파생되는 부작용도 많았죠. 요즘에는 국제 교류도 많이 하고, 이 분야가 매력적이라고 생각해서 제대로 공부해보려는 친구들도 많이 나오고 있어요. 고장 나면 버리고 마는 게 아니라 고쳐서 복원할 수 있구나, 작업을 통해서 예방을 할 수 있구나 혹은 상태를 유지할 수 있구나 등 국민의식이 바뀔 수 있다고 생각해요.

미술품 복원의 선진국이라고 하면 유학으로 다녀오신 파리를 꼽을 수 있을까요?

많이 나아지고 있다고는 했지만 경제성장에 비해서 한국은 여전히 미흡한 부분이 있어요. 누군가 이런 말을 했어요. 미술품 복원은 미술작품이 처음에 만들어지는 단계부터 시작되어야 한다고요. 레오나르도 다빈치의 '최후의 만찬'은 벽에 그려진 작품인데 500년이라는 시간이 지나면서 상태가 많이 악화되었어요. 그래서 최근에 복원한다고 전체적으로 거둬내고 그랬다는데 이런 상황이 유럽이나 미국에 많으니까 미술품 복원이 발달할 수밖에 없었을 거예요. 어떤 시대든 당대 작품에 대한 중요성도 잘 인식했을 테고요. 일종의 관심사였죠. 서양은 유화작품이 복원의 역사 중에서 가장 오래되었어요. 손상이 되면 고치는 법과 더불어서 앞으로 손상되지 않는 법도 찾으려고 애썼죠.

그곳에서 느낀 문화충격도 있었을 것 같아요.

한국에서 학교를 다니던 시절, 미술 동아리 활동을 아주 열심히 했어요. 늘 작은 미술사 책 안에서 도판을 보았어요. 사진만 본 거죠. 처음에 파리를 가서 퐁피두 센터를 갔는데 페르낭 레제 작품이 있었어요. 분명 제가 아는 작품이었는데, 그전에는 작은 것만 봤잖아요. 그런데 이게 하나의 벽인 거예요. 그 충격은 말로 할 수 없었어요. 그간 열심히 색감을 얘기하고 구도를 얘기한 게 더 믿기지 않았어요. 작가들은 작은 규모의 것과 큰 규모의 것을 그리는 데 마음가짐이 달라요. 그렇다면 작은 그림과 큰 그림을 보는 사람들의 감도도 다를 것 아니예요? 파리 1대학에서 미술사 수업을 들어야만 했어요. 조를 나눠서 발표를 해야 하는데 주제가 '칸딘스키'라면 며칠, 몇 시에 퐁피두 센터에 있는 칸딘스키 앞에서 만나자고 해요. 그럼 그 앞에서 친구들을 만나 토론을 하죠. 충격적이면서 부러웠어요. 주어진 환경이 다르니까요.

시간을 돌리는
손

소장님의 저서 《문화재의 보존과 복원》을 보면 미술작품이 훼손되는 다양한 요소가 등장해요. 환경적 요인, 사고의 요인, 시간의 흐름이 있었는데 그중 무관심이 있더라고요.

작품을 복원할 때 보면 가장 큰 문제점은 보관과 관리예요. 어떻게 생각하면 보관과 관리는 포괄적인 것 같아요. 자연스러운 노화 과정으로 작품이 손상될 수 있지만, 길을 가다가 쿵 찔을 수도 있잖아요. 어떤 경우든 누가 관리를 잘 하느냐에 따라서 작품의 영속성이 달라지죠.

미술품 복원에 관련해서 대중적인 인지가 필요하겠어요.

사고는 사실 잘 관리한다면 피해갈 수도 있는 거잖아요. 그런데 작품을 많이 접하고 함께하다 보면 신중함이 무뎌지는 경우가 종종 있는 것 같더라고요. 안전불감증과 비슷할까요. 그런 부주의함을 조심해야 해요. 최근에 한 화랑에서 마티스 드로잉을 창고 어딘가에 보관한 거예요. 그러면 그 안에 습기를 흡수해버리거든요. 완전히 곰팡이가 슬었는데 거두어 갈 때까지도 곰팡이가 여전히 살아있더라고요. 가슴 아픈 일이었죠. 중요성을 잘 인지하지 못하고 무관심했기 때문이죠.

복원가에게 가장 중요한 덕목은 무엇이라고 생각하시나요?

모든 것의 출발점이라고 생각하는데, 작품에 대한 존중이요. 그래야 내가 더욱 신중하고 조심스레 다루고요, 상처를 안 내려고 노력하겠죠.

작가에게 감정 이입하는 게 가장 중요할 거라고 생각했어요. 그 작품을 복원하는 데 작가의 마음을 먼저 이해하는 게 필요할 것 같아서요.

작가의 입장을 이입해보는 게 오히려 더 위험해요. 내가 마치 장인인 것처럼 생각하게 되니까요. 의사의 마인드가 필요하죠. 의사가 환자의 입장이나 혹은 환자의 무언가 때문에 결정을 왔다 갔다 하면 안 되잖아요. 객관적이고 냉철하게 상황을 볼 줄 알아야 하거든요. 얼마나 위대한 작가가 그렸고, 역사적으로 어떤 의미를 갖고 있는지 겁을 먹고 벌벌 떨게 된다면 정보를 알고 있는 게 전혀 도움이 안 된다는 거예요. 평정심을 잃게 되죠. 무던해져야 해요. 필요 이상으로 감성적일 필요는 없거든요.

복원에 있어서 중요도가 있을 것 같아요. 모든 작품이 복원되지는 않으니까요.

박물관이나 미술관에 전시되어 있는 문화재를 통해서 후대들이 지금까지 먹고살고 있는 것은 그 당시에 돈 있고 여유롭던 사람들이 예술의 가치를 향유했기 때문이에요. 공예가를 가정한다면 그 사람이 그릇을 만들고 도자기를 굽는 것이 취미는 아니거든요. '내 밥그릇이 없네? 내가 며칠 동안 고생하고 땀 뻘뻘 흘려 만든 걸로 밥 먹어야지!'라고 하지 않잖아요. 잘 만들었으면 팔아야죠. 오히려 그는 오래된 질그릇에 음식을 두고 먹었을지도 몰라요. 하지만 미적인 역량을 넘어서서 그것을 향유하고 지속시킨 것은 높은 계급의 사람들이었던 거죠. 이율배반적이죠. 역설적이게도 문화 속에는 어쩔 수 없이 계층이 생기게 마련이에요. 누가 얼마큼 인정해주느냐에 따라 금전적 가치가 올라가기도 하고요. 그런 중요도에 따라서 이 작품을 더 오래 지속시키려는 일도 강조될 수밖에 없죠.

가장 뿌듯한 순간이 궁금해요.

작업을 하면서 가끔 '복원다운 복원이다.'라는 말을 해요. 누가 봐도 아주 제대로 망가진 작품들이 있어요(웃음). 절대 살릴 수 없는데, 그걸 그대로 살려놓았을 때 뿌듯해요. 저도 만족스럽지만 보는 사람들도 기뻐하니까요.

소장님께서 2011년에 쓰셨던 칼럼에서 반달리즘Vandalism에 관한 이야기를 보았어요. 사람들이 문화재에 낙서하는 행동을 비판하는 내용이었죠. 대중이 문화재를 대하는 태도나 방식에도 성숙한 의식이 필요하다는 의미일까요?

반달리즘은 보통 문화유산이나 예술품 등을 파괴하거나 훼손하는 행위를 말해요. 작품에 충격을 강하는 경우도 있고, 테러, 낙서 등도 있죠. 문화재 파손을 보면, 사고를 막을 수 있는 일도 있고, 막기 쉽지 않은 것들도 있어요. 대표적으로 숭례문 화재사건이 있죠. 막을 수도 있었지만, 막을 수 없었을 수도 있어요. 불을 낼 때, 화염병을 던지고 도망가거나 폭탄을 설치할 수도 있잖아요. 그 방화범은 국가를 향한 분노가 있었고 그것이 자신에게 부당하다고 느껴져 화풀이를 한 거죠. 일반적으로 화풀이에서 나오는 반달리즘은 주목을 많이 끌 수 있는 걸 해요. 살면서 작정함과 동시에 벌어질 수밖에 없는 일들이 있거든요. 자기 정제만이, 개인의 양심만이 지킬 수 있어요. 하지만 낙서의 경우는 교육을 통하여 막을 수 있는 일이겠죠.

흠결을
바라보는 시선

복원작업에는 원본을 훼손하지 않는 최소한의 개입만이 필요하다고 들었어요.

그럼요, 당연하죠. 예를 들어서 종이가 이만큼 울었어요. 이걸 펴는 방법도 여러 가지예요. 살살 구슬려서 펴는 방법도 있지만 어떤 사람은 배접해서 한꺼번에 쭉 펴는 사람도 있어요. 그런 경우에는 손대지 않아도 될 부분까지 작업하게 되거든요. 시간이 걸리더라도 전자의 방식을 지향하는 거죠.

본래 복원가가 작가와 아주 똑같이 구현하기는 어려울 텐데, 원본이 훼손된다는 기준이 있나요?

저희는 '눈속임'이라는 말을 많이 해요. 무슨 말이냐면 작가를 흉내 낸다는 게 아니라 작품의 일부가 가급적이면 손상된 적이 없었던 것처럼 눈속임을 한다는 거죠. 작품을 고치는 일인데 복원을 했다는 사실을 감출 필요도 없고요. 작가의 생각이나 사상을 그대로 재현해내는 개념이 아니라, 작품 감상 시에 거슬리는 부분이 최대한 없도록 도와주는 역할을 하고 있는 거라고 생각하면 쉬워요.

책에 이런 이야기가 등장해요. 19세기 프랑스의 건축가 비올레르뒤크Eugene Viollet-le-Duc가 말하길 옛 건축물을 복원할 때 당대 사람들의 취향에 따라 그 건물을 변형하거나 역사적 가설을 사용함에 망설일 필요가 없다고요. 그래서 교회 건물을 더욱 웅장하게 보이기 위해 첨탑을 설치한다거나 건물의 구조를 변경하는 것이 당연하다고 덧붙였죠. 최소한의 개입과 정반대되는 이야기인데 어떻게 생각하시나요?

이 분야에서 비올레르뒤크의 주장은 안 좋은 사례로 자주 등장하는 편이에요. 그는 고딕 양식의 최고로 권위 있는 건축가였어요. 우리가 생각하는 단순히 멋진 사람 정도가 아니라 당대에 가장 인정받는 사람이었어요. 모든 건축물, 특히 고딕양식에 있어서 그 사람의 조언을 무조건 받아야 할 정도였죠. 이 사람은 어떻게 생각했냐면 자연재해나 폭격에 의해서 문화재에 문제가 생기면 그 시대의 관점이 아니라 현재의 시각과 생각으로 덧붙이고 보수를 하는 것도 무방하리라 나름대로 확신했던 거죠. 그의 주장은 오늘날의 기준과는 잘 맞지는 않아요. 다만 모든 것을 연구하고 기록하는 과정에 기록을 남겨서 탄탄한 기초를 세워주었어요.

미술품 복원가라는 직업은 숲보다는 나무를 봐야 하는데, 복원을 통해서 사람들이 나무보다는 숲을 느낄 수 있도록 해주는 것 같아요. 전체를 볼 수 있도록요.

맞아요, 그런데 사람들이 생각보다 예민해요. 자기가 좋아하는 것은 또 매의 눈으로 보잖아요. 중고로 뭘 샀어요. 여기서 생활상처 같은 것을 감안하죠. 하지만 미술품의 경우 구멍이 빵 나면 생활상처고 나발이고 안 통하잖아요. 복원 잘했다는 이야기는 고사하고 아무 이야기만 없어도 다행이죠(웃음).

작품을 복원하는 과정에 환경이나 작품의 상태가 열악한 경우 복제를 하는 경우도 있다고 들었어요. 일부에서는 복제가 예술의 배반이라는 의견을 내기도 하고요.

엄밀하게 말해서 환경이 열악하기 때문에 복제를 하는 경우는 거의 없어요. 지금도 논란거리인데, 미술품 보존이나 복원에 있어서 가장 큰 중심축은 바로 '오리지널리티'에 있어요. 제가 그린 그림을 누군가 똑같이 그렸다고 해서 그게 무슨 의미가 있겠어요. 사진을 찍은 것과 다른 게 없는 거죠. '모나리자'가 너무 많이 상해서 잘 복사를 하거나 사진을 찍어서 미술관에 건다고 하면 그걸 수용할 수 있는 사람들이 있을까요? 반 고흐의 붓 같은 색감을 보고 싶은데 복제하는 사람들의 재주를 음미하러 미술관에 가지는 않잖아요. 물론 조선 왕조의 영정 같은 경우 손상이 너무 심각할 때 복제를 하는 경우도 있어요. 하지만 이런 경우에는 그 사람을 기록하는 의미가 큰 거니까요. 모사를 해도 나름의 의미가 있는 거죠. 서양에 자기복제는 있어요. 누군가 자신에게 그림을 한 점 더 그려달라고 부탁을 받았을 경우 똑같이 그려주던 경우는 있거든요.

그림 뒤편에 서있는 기분은 어떠신가요?

미술관에서 일했을 때, 미술보존 연구실은 땅 속에 있었어요. 미술관은 지상에 공간이 많이 필요하기 때문에 안으로 들어가죠. 보존실로 가려면 다른 사무실을 통해서 어렵게 들어가야 했어요. "왜 이렇게 들어가는 게 힘들죠?" 하고 물으면 변명 삼아 "우리 보존실 사람들은 음지에서 일하고 양지를 지향한다."고 하죠(웃음). 아까 미술작품을 향한 존중이 중요하다고 했잖아요. 미술작품이 제일 우선이에요. 운명이에요.

모든 것이 존재했다가 사라지는 건 당연한 수순인 것 같아요. 복원가는 이 원칙을 역행하고 있다고 생각해요. 거슬러 올라가는 거죠.

오르세미술관에 있는 작품들이 아무런 관리 없이 내내 그 모양일까요? 보통은 누더기예요, 누더기. 복원이 되어 전시되어 있는 거죠. 그게 손상이 되었을 때, "에구, 손상이 되었네. 안타깝다. 하지만 안녕!"이라고 하지 않잖아요. 이런 사실을 다음 세대의 사람들이 감당할 수 없겠죠. 쉽게 이야기하면 역사적인 증거물에 대한 영속성을 위해서는 복원이 필수적이에요. 안 그러면 그 시대가 지금까지 이어지지 않고 끊어져 버리니까요.

앞으로 어떤 복원가로 남고 싶은가요?

복원이 저의 주된 업무지만 그 외에도 관심사가 있어요. 미술품에 대한 재료 기법 연구를 더 체계적으로 하고 싶어요. 작품이 어떤 재료로 어떤 방식으로 그렸나 등을 돌아볼 수도 있거든요. 복원에 있어서 기록이 매우 중요하기 때문에 이런 자료를 축적해나가고 싶어요.

예술의
문턱을 낮추는

대림미술관

복잡한 거리에서 걸음을 틀어 조용한 골목으로 들어가면 대림미술관이 나
온다. 주택가에 자리잡은 이곳에 가면 마음이 편안해진다. 예술작품을 감
상하러 간다는 무겁고 어려운 마음가짐도 필요 없다. 누구나 쉬이 발걸음
을 할 수 있는 미술관, 대림미술관을 찾았다.

에디터 **정혜미** 포토그래퍼 **하준호**

마음의
안정을 찾으러

나는 마음의 안정이 필요할 때 대림미술관을 찾는다. 2년 정도의 해외생활을 마치고 돌아와 새로운 일을 시작하려던 시기였다. 신선한 기대감과 약간의 막막함을 전시를 보며 가라앉히고 싶었다. 당시 '칼 라거펠트Karl Lagerf'의 사진전이 열리고 있었다. 패션디자이너로만 알고 있던 사람의 파격적인 사진을 보고 나니 마음속에 자신감이 더 생겨났다. 이후에도 어떤 관계의 끝이 보일 때, 직업에 고민이 있는 시기, 몸이 아파 쉬는 중에 대림미술관을 찾았다. 새로운 전시를 보기 위함도 있었지만, 전시를 보며 위안을 받고 싶은 마음도 컸다. 관람자로서 이상한 긴장감과 꼿꼿한 자세를 갖게 하는 미술관이 있는 반면, 대림미술관은 조금 더 친근한 마음이 들게 한다.

일상이
예술이 되는 미술관

경복궁과 인접한 주택가에 자리한 대림미술관은 '일상이 예술이 되는 미술관'을 표방한다. 그래서 대중들과 가까이 소통할 수 있는 전시를 기획하고, 우리 주변에서 쉽게 볼 수 있는 것을 새로운 전시로 선보임으로써 대중이 일상 속에서 예술을 편하게 접할 수 있도록 한다. 건물 자체도 일상 속의 예술작품이다. 현 대림미술관은 파리 피카소미술관 개조 디자인을 맡았던 프랑스 건축가인 뱅상 코르뉴가 1967년 이래 한 가족의 보금자리였던 건물을 개조한 것이다. 전면의 파사드는 한국 전통 보자기에서 착안한 것으로 한국적인 요소를 현대적으로 표현했다. 기존 가옥과 주변 환경 등 이미 존재하는 것을 최대한 고려해 개조한 건물은 동네 분위기와 자연스럽게 어우러진다. 생각해보면 대림미술관은 친숙할 수밖에 없다. 위치상으로도 우리의 고궁과 가까이 있고 삶의 공간을 그대로 살린 것이니 말이다. 이런 이야기가 담긴 공간의 기운이 고스란히 전해져 자연스럽고 편안한 기분을 갖게 하는 것이 아닐까.

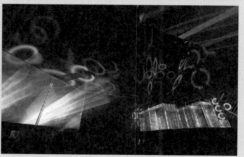

스와로브스키

| 그 빛나는 환상

2012. 11. 08 ~ 2013. 03. 17

라이언 맥긴리

| 청춘, 그 찬란한 기록

2013. 11. 07 ~ 2014. 02. 23

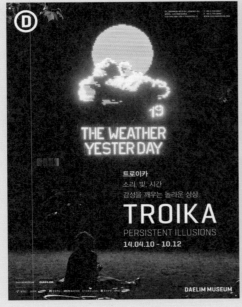

트로이카

| 소리, 빛, 시간 – 감성을 깨우는 놀라운 상상   2014. 04. 10 ~ 2014. 10. 12

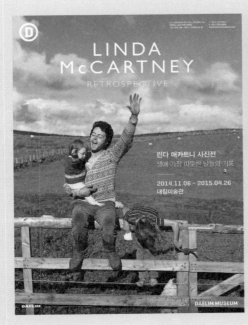

린다 매카트니

| 생애 가장 따뜻한 날들의 기록   2014. 11. 06 ~ 2015. 05. 25

"사람들이 쉽게 발걸음할 수 있는,
아이부터 어른까지 올 수 있는 미술관인 것 같아요."

대림미술관에 계신 지는 얼마나 되었나요?
2012년에 인턴부터 시작했어요. 첫 직장이에요.

대림미술관은 관람객과 가장 가까이서 소통하는 미술관 중 한 곳이라고 생각해요.
최대한 쉽고 대중성이 있는 그리고 친근하게 다가갈 수 있는 콘텐츠를 주로 기획하고 있어요. 사람들이 쉽게 발걸음할 수 있는, 아이부터 어른까지 올 수 있는 미술관인 것 같아요.

저는 내부의 휴식 공간을 좋아해요. 빛이 좋을 때, 그곳에 앉아있으면 전시 관람과는 별개로 행복해지더라고요.
저도 그 공간을 좋아해요. 통유리창을 통해서 햇빛을 듬뿍 맞을 수 있잖아요. 사실 그 공간에는 작품을 전시하지 않아요. 그런데 이번 닉 나이트Nick Knight 전시에는 그곳에 작품을 놓았어요. 2층 휴게 공간과 바로 옆에 1층을 내려다볼 수 있는 공간에도 작품을 걸어놓았어요. 채광이 아름답게 드는 곳이어서 작가와 협의를 통해 어울리는 작품을 전시했죠. 빛이 비추는 해변에서 촬영한 패션 화보 사진이에요.

일상이 예술이 될 수 있는 미술관, 그 공간에서 열리는 전시는 어떤 것이어야 한다고 생각하나요?
대림미술관은 사진뿐만 아니라 제품, 가구, 음악, 문학 등 다양한 분야의 콘텐츠를 다뤄요. 최대한 쉽게 대중에게 다가갈 수 있을까 고민을 굉장히 많이 하죠. 초반 리서치 단계부터 기획, 전시가 열리기 직전까지 작가와 협의를 해요. 작가가 작품에 대한 의의를 보여주는 것에 집중하는 편이라면, 저희는 대중과의 소통에 신경 써요. 대림미술관은 트렌드에 예민하게 반응하는 미술관이에요. 유행을 반영한다는 것이 동시대에 사회적으로든 문화적으로든 이슈화된 것을 다룬다는 뜻이 될 수도 있고요.

전시를 기획하고 열리기까지 보통 어느 정도의 시간이 소요되나요?
보통 1년 반에서 2년 정도인 것 같아요. 실제로 작가에게 연락하고 구체화되기까지는 1년 안에 진행되는 것 같은데, 작가에 대해 조사하고 어떤 작가를 이 시기에 왜 보여줘야 하는지에 대한 부분도 확인이 계속 필요하거든요.

이번 닉 나이트 사진전을 기획하게 된 특별한 이유가 있나요?
닉 나이트 전시 이전에 패션 디자이너 헨릭 빕스코브Henrik Vibskov에 대한 전시를 했어요. 그때는 설치 작품을 주로 보여줬었죠. 닉 나이트도 패션의 한 축에 속하지만 그것을 사진으로 어떻게 보여줄 수 있는지 조명하고 싶었어요. 닉 나이트 자체가 사회적 메시지를 굉장히 많이 가지고 있는 아티스트예요. 상업적인 패션 화보나 뮤직비디오에만 국한되지 않고 작업마다 어떤 사회적인 운동이나 메시지, 캠페인 같은 의미를 부여해서 작업하는 작가거든요. 처음 활동을 시작한 80년대부터 지금까지 매번 말하고자 하는 메시지들이 당대의 흐름에 따라 바뀌긴 하겠지만 전달하고자 하는 목소리는 항상 담겨있어요. 그것을 사진 또는 패션이라는 매개체로 대중들에게 거부감 없이 전달할 수 있는 좋은 기회라고 생각했어요.

전시의 구성 콘셉트는 무엇이죠?
총 여섯 개의 공간으로 나뉘어 있어요. 초기작부터 최근 작업까지, 혹은 닉 나이트의 테크닉적인 작업 방식으로 구성했어요. 흑백사진과 디지털 기술이 처음 도입되었을 때의 작업으로 구분하기도 했고요. 90년대 초에 새롭게 등장한 포토샵 같은 툴을 어떻게 사용하여 작품을 표현했는지 등의 기준을 세웠죠. 80년대부터 최근에 이르기까지 흐름을 볼 수 있어요.

특히 와 닿는 섹션이 있나요?
우선 '스킨헤드' 작품이 좋아요. 전시로는 대림미술관에서 세계 최초로 선보인 것이거든요. 그렇게 대형으로 프린트된 적이 없었어요. 또 하나는 플로럴 섹션이요. 천고가 높은 3층에 전시되어 있는데요. 대형으로 출력하기 전, 이미지로 본 것보다 훨씬 강렬하더라고요. 디지털로 볼 때는 회화적인 느낌을 얼마나 구현할 수 있을까 고민했는데, 실제로 프린트해보니 정말 그림 같은 느낌이 나더라고요.

전시 준비 중에 힘들었던 점은 없었나요?
이번에 굉장히 큰 사이즈로 사진을 출력했어요. 기존에 있던 작품을 받아온 것이 아니라 이번 전시를 위해서 전부 새롭게 출력했거든요. 이 사진이 얼마나 크게, 어떻게 보여질까에 대한 고민을 상당히 많이 했어요. 대림미술관이 천고가 낮고 공간이 그렇게 넓지 않잖아요. 그리고 예전에 진행했던 사진전에 비해서 작품의 개수도 많고 크기도 커서 대형 사진이 이 공간에 들어왔을 때 어떻게 구현될지 감이 안 잡혔죠. 그래서 3D 시뮬레이션도

NICK
KNIGHT
IMAGE

대림미술관
A. 서울시 종로구 자하문로4길 21
T. 02 720 0667
O. 화 · 수 · 금 · 일 10:00~18:00, 목 · 토 10:00~20:00, 월요일 휴관

많이 돌려보았는데, 화면상으로 보는 것과 실제의 느낌은 전혀 다르니까요. 플로럴 섹션에 있는 작품은 높이가 거의 3미터예요. 한 번에 출력한 게 아니라 사진을 반으로 나눠서 인쇄한 후 두 장을 붙인 거예요. 전세계에 그런 크기를 출력할 수 있는 인쇄기는 없을 걸요(웃음). 최대한 티 나지 않게 사진을 붙여야 하잖아요. 그런 처음 해보는 시도들이 많았죠.

사진은 현지에서 전부 출력해온 건가요?
LA에서 닉 나이트가 계속 함께 작업했던 인쇄소에서 직접 작업해 보내줬어요. 그의 인스타그램에서 이번 전시를 위해 테스트했던 과정을 볼 수 있어요. 출력도 한 번에 마음에 드는 것이 아니니까요. 여러 장의 테스트 사진을 붙여놓고 고민을 많이 한 것 같아요.

닉 나이트에게도 새로운 시도였겠네요.
그렇죠. 그도 이렇게 작업했던 적이 거의 없었거든요.

그는 어떤 사람인가요?
처음에는 온라인으로 검색을 하면서 알게 되잖아요. 사적인 SNS를 보면 가족을 굉장히 사랑하는 사람이란 걸 알 수 있어요. 딸이나 아들, 아내의 사진과 사랑을 가득 담은 메시지를 함께 올리더라고요. 이번에도 가족이 다 함께 방한했어요. 항상 옆에 있었죠. 전시를 준비할 때도 가족과 의견을 많이 주고받더라고요. 계속 아내와 협의하고 고민하는 모습을 볼 수 있었어요. 아주 가족적인 사람이죠. 그런데 작업을 할 때는 대단히 프로페셔널인 모습을 보여줬어요. 작은 것 하나까지도 놓치지 않아요. 무척 꼼꼼하고 철두철미하게 체크하더라고요.

3월 말에 전시가 끝나요. 이번 전시에 대한 스스로의 리뷰를 하자면요?
어렵네요. 내면의 나를 발견할 수 있는 전시가 되기를 바랐어요. 항상 같은 일상을 지내다 보면 지루해지는 시기가 분명 생기잖아요. 이번 전시는 굉장히 파격적이고 실제로 일어나지 않을 법한 이미지를 보여주고 있어요. 내 안에 감춰왔던 것들을 끄집어낼 수 있는 전시로 기억되면 좋겠다(웃음)?

영원한 미완의 단어

청춘 靑春

3년 전 한 미술관에서 사진작가 라이언 맥긴리Ryan McGinley의 전시가 열렸다. 제목은 〈청춘, 그 찬란한 기록〉이었다. 낯선 사진가의 기록을 보며 많은 사람들이 청춘을 생각했다. 청춘, 푸른 봄. 여기 청춘이라는 이름 아래 다시 한 번 아티스트들이 모였다. 그들에게 비친 청춘은 어떤 모습일까.

에디터 **김건태** · 자료 제공 **디뮤지엄**

고샤 루브친스키|Gosha Rubchinskiy © Gosha Rubchinskiy
러시아의 패션 디자이너이자 작가로 스케이트보드를 중심으로 형성된 러시아 청년들의 문화를 이야기한다.

래리 클락Larry Clark © Larry Clark and Simon Lee Gallery
미국의 사진가이자 영화감독으로 흑백 사진집 《털사Tulsa》와 영화 〈키즈Kids〉를 통해 십대의 일탈을 적나라하게 담았다.

더그 드부아Doug DuBois © Doug DuBois
자신의 가족을 찍는 것으로 처음 사진 작업을 시작한 이 작가는 아름다운 색감과 구도로 흥미로운 장면을 포착한다.

파올로 라엘리Paolo Raeli © Paolo Raeli

1994년에 태어난 파올로 라엘리는 청춘의 한 단면인 모호함을 주제로 순간을 이야기한다.

〈YOUTH – 청춘의 열병, 그 못다한 이야기〉
A. 서울시 용산구 독서당로29길 5-6 디뮤지엄
H. daelimmuseum.org/dmuseum
T. 070 5097 0020
O. 2017. 2. 9~5. 28

전에 없던 전시장

젠틀몬스터

그들 이전에 누가 생각이나 했을까. 빨래방, 목욕탕, 펜싱경기장으로 변하는 안경가게. 그것도 모자라 매달 바뀌는 프로젝트 공간은 때마다 화제가 되었다. 젠틀몬스터를 처음 마주한 순간은 충격이었고 그다음은 놀라움, 요즘에는 감명이다. 한 달이 멀다 하고 새로운 모습을 보여주는 그 공간들은 어떻게 탄생하는 것일까.

에디터 **정혜미** 포토그래퍼 **Hae Ran**

계속
변화한다는 것

처음에는 반짝하고 사라지는 팝업 전시장인 줄 알았다. 흥미로운 전시인가 싶어 들어갔다가 안경 브랜드의 쇼룸이라는 것을 알았다. 한달 즈음 지났을까. 같은 거리를 지나가다 슬쩍 보았더니 모습이 바뀌어있었다. 그다음은 작정하고 찾아갔다. '연예인 선글라스'라고 화두에 오르기에 구경이라도 하러 갈 참이었다. 다시 찾은 공간은 새로운 모습으로 나를 맞이하고 있었다. 그때 알게 된 것이 '퀀텀 프로젝트Quantum Project'다. 25일을 주기로 새로운 주제로 전시를 바꾸는 프로젝트였다. 작은 오브제가 교체되는 것도 아니고 매장 전체의 콘셉트가 25일마다 변한다는 사실은 꽤 충격적이었다. 새롭게 문을 여는 플래그십 스토어들도 획기적인 콘셉트와 전시로 대중의 마음을 끌었다. 젠틀몬스터는 그렇게 얼굴을 바꿔가며 우리를 놀라게 했고 어느새 한국을 대표하는 안경 브랜드로 자리를 잡아가고 있다.

향을 만드는
연구소

25일마다 얼굴을 바꾸던 젠틀몬스터 홍대 매장의 퀀텀 프로젝트는 36회를 마지막으로 막을 내리고 대대적으로 재단장하여 새로운 프로젝트를 내세워 1월 초에 다시 문을 열었다. 이번 프로젝트의 키워드는 '향'이다. 2층 전시공간에는 젠틀몬스터가 연구하는 다양한 향이 천장에 매달려 있다. 젠틀몬스터라서 만들 수 있는 향을 매달 바뀌는 주제에 따라 선보이는 것이다. 첫 번째 주제는 '비 오는 오후 세 시'다. 코르크를 열면 각 향을 맡을 수 있는데, 좋은 향들이 이어지다 간혹 '하리보 젤리' 향 같은 재미있는 향도 있다. '오 마이 도그'라는 향은 비 맞은 개의 향취가 난다. 이렇게 젠틀몬스터다운 발상이 느껴지는 향들이 매달 바뀐다니 충분히 기대해볼 만하다.

전시로 바라본
젠틀몬스터의 공간들

신사 플래그십 스토어
| HOME AND RECOVERY

'집'과 '치유'라는 정서적인 맥락을 지닌 공간의 교집합이다. 지나간 흔적 위로 새롭게 덮인 공간은 직관적으로 보이는 오브제들과 각기 다른 테마로 구성되어 공간을 통해 감정이 회복되는 것을 느낄 수 있다.

북촌 플래그십 스토어
| BATHHOUSE

남겨진 것과 새로운 것의 공존을 주제로 꾸민 공간이다. 잊힐 수밖에 없지만 잊고 싶지 않은 것을 기억하는 수단으로 공존을 택한 것. 원래 목욕탕이었던 공간의 정체성은 살리고 젠틀몬스터만의 정서를 담아 '창조된 보존'의 개념을 재현했다.

© 젠틀몬스터

대구 플래그십 스토어
| SECRET NEIGHBORS

세탁소를 주제로 이루어진 이 공간은 비밀리에 위작활동을 하고 사라진 시크릿 네이버Secret Neighbors의 세 인물 중 데이비드 사카이의 비밀 은신처이자 그가 운영했던 세탁소를 배경으로 했다. 각각의 공간에는 그의 흔적과 존재를 연상케 하는 요소가 숨어 있다. 시크릿 네이버 인물들의 유기성을 담은 테마 공간은 북경 매장과 오픈 예정인 LA 매장에도 이어진다.

BAT 프로젝트
| 2TH COMIC BOOK

제품을 판매하는 공간이 아닌 젠틀몬스터가 하고 싶은 것을 표현하는 프로젝트 공간. 대중이 흥미를 느낄 수 있는 일상적인 콘텐츠를 재해석한 공간으로, 대중이 즐거워할 수 있으면 좋겠다는 취지로 탄생했다. 현재 만화책이라는 키워드로 두 번째 프로젝트를 진행 중이다.

'15번째 프로젝트 OVERGROWN PARK'

'24번째 프로젝트 MEMORY FIELD'

'35번째 프로젝트 THE BIRTHDAY IN AUGUST'

'36번째 프로젝트 FINAL SYMPHONY'

"요즘에는 젠틀몬스터만이 할 수 있는 키워드를 잡으려 노력해요.
누구도 '이건 따라 할 수 없어.'라는 생각을 하게 만드는 것이요."

젠틀몬스터 쇼룸은 처음부터 지금까지 콘셉트가 공개될 때마다 화제가 되고 있어요. 이러한 시도를 하게 된 계기가 있었나요?
저는 원래 피처에디터였어요. 그래서 아티스트를 만나서 대화를 나누고 그들이 생각하는 것을 조율하는 역할을 좋아했죠. 젠틀몬스터에서 홍대 퀀텀 프로젝트라고 한 달에 한 번씩 전시를 바꾸는 프로그램을 해왔잖아요. 작가와의 협업을 통한 전시를 진행하는 과정에서 저에게 연락이 왔어요. 함께 일을 시작하게 되었죠. 저는 공간 인테리어를 주로 하는 사람은 아니었어요. 영화미술을 전공했죠. 그렇지만 워낙 옷이나 예술분야에 관심이 많고 음악도 좋아해요. 대표님께서 그런 부분을 알아봐주신 것 같아요. 처음에는 대표님도 공간에 대한 욕심이 많지는 않았어요. 그런데 점차 직접 안경을 파는 공간보다는 대중들이 브랜드를 누리고 브랜드의 가치를 어느 정

도 느낀 후 구매로 이어지는 방향이 좋지 않겠느냐는 생각을 하셨고 저도 동의했죠. 역시나 대중들의 반응이 좋았어요. 이전에 어떤 브랜드도 과감하게 시도하지 못했던 부분에 투자한 거죠. 그래서 홍대를 시작으로 공간이 하나둘씩 생겨나면서 지금까지 자리를 잡게 된 것 같아요.

끊임없이 획기적인 아이디어가 나오는 점이 신기해요. 꽤 많은 인원이 프로젝트에 참여할 것 같아요.
공간 팀은 좀더 건축적으로 접근하고 제가 속한 비주얼 팀은 그 안의 아트 콘텐츠에 더욱 신경을 쓰죠. 보통은 프로젝트마다 공간 팀 인원과 비주얼 팀 인원들이 조금씩 투입해 한 팀을 이뤄 기획부터 전시까지 진행해요. 인력은 항상 부족해요. 이번 인터뷰를 통해서 채용공고를 하고 싶네요(웃음).

짧은 주기로 매장을 바꾸는 이유는 무엇인가요?

매번 공간을 바꾸는 것은 전시도 똑같은 개념인 것 같아요. 보통 미술관에서는 장기적인 전시를 많이 하잖아요. 서울이 아닌 다른 지방에 있는 사람들은 그런 전시를 한 번 관람하기 쉽지 않으니 장기적인 전시가 좋은 방법일 수도 있어요. 그런데 한편으로는 한 번 전시를 보면 두 번은 안 가게 되잖아요. 그럼 약 5~6개월 동안 그 전시를 다녀온 사람들에게 그 공간은 죽은 공간이 되는 것이라고 생각해요. 다른 공간도 같은 개념이라고 생각했어요. 제품을 사러 오는 사람도 있지만, 저희 공간을 보러 오는 사람도 있잖아요. 그래서 적당한 기간 내에 변화하는 모습을 보여야 사람들이 지속해서 그 공간과 브랜드에 관심을 가지지 않을까 생각하게 된 거죠. 그 생각을 처음 시도했던 것이 홍대의 퀀텀 프로젝트였고요.

퀀텀 프로젝트는 25일을 주기로 새로운 전시를 선보이는 것이었잖아요. 매번 새로운 콘셉트를 기획하고 구체화하는 것까지 포함하면 주기가 정말 짧아요. 물론 보는 사람은 아주 좋았지만요.

사실 정말 힘들었어요(웃음). 제가 처음에 입사했을 때는 2주에 한 번씩 바뀌는 거였어요. 말도 안되고 미쳤다고 생각했어요. 매번 단 이틀 동안 매장을 바꿔야 했어요. 하루 철거하고 다음 날 바로 전시 작업하고요. 그런데 해외에서의 반응이 특히 좋았어요. 공간이 어떻게 이렇게 짧은 주기로 변할 수가 있느냐는 반응이었죠.

북촌 매장은 특히 더 독특한 것 같아요. 애초에 목욕탕 콘셉트를 염두에 두고 그 공간을 찾은 건가요, 아니면 공간을 보고 영감이 떠오른 건가요?

'목욕탕을 해야지!' 이런 생각은 아니었어요. 어느 정도 결에 맞는 콘셉트는 있었죠. 그러던 중 공간을 찾다가 다 쓰러져가는 목욕탕을 찾은 거예요. 한국 최초의 대중목욕탕이었어요. 그 공간을 바꾼다고 해서 욕도 많이 먹었어요(웃음). 그런데 목욕탕 건물 자체가 건축법상 문제가 많았어요. 최대한 옛것과 이야기를 보존하면서 개조하는 방향으로 진행했죠. 앞으로도 목욕탕 같은 공간을 찾게 되면 그 공간이 가진 이야기를 살리는 프로젝트를 해보고 싶어요. 옛날에 가지고 있던 성격을 살리고자 하는 좋은 취지도 있고, 그런 것들이 연결되었을 때 공간이 더 좋은 느낌이 드는 것 같거든요.

배트BAT라는 프로젝트 공간의 두 번째 콘셉트는 만화방이에요. 어떻게 탄생한 아이디어인가요?

퀀텀 프로젝트는 공간 자체가 바뀌는 성격이라면, 배트는 콘텐츠가 바뀌는 공간이에요. 일상적인 콘텐츠를 풀어서 대중들이 접근하기 쉬운 공간을 만들고 싶었어요. 첫 번째 프로젝트는 '옥수수팜'이란 주제로 카페를 열었고, 이번에는 만화책방을 한 거예요. 배트에 있는 만화책들은 모두 선별된 것이에요. 대표님과 함께 일일이 다 골랐어요. 만화도 하나의 예술장르라고 할 수 있는데 가볍게 치부되는 경우가 많잖아요. 만약 공간의 성격이 고급스러워지면 만화책의 가치도 높아지지 않겠냐는 생각으로 잡은 콘셉트죠.

3월 말 즈음 배트가 또 새롭게 바뀐다고요.

세 번째 콘셉트는 후드바이에어Hood By Air라는 브랜드와의 협업으로 만든 아이템들을 선보이는 공간이 될 것 같아요. 팝업 스토어처럼요. 후드바이에어가 가진 세고 재미있는 이미지들을 보여주는 공간이 되지 않을까요?

대구나 부산 매장도 콘셉트가 바뀌는 건가요?

아직 확실히 날짜가 정해진 것은 아니지만 아마 올해 안에 새로운 공간이 탄생하지 않을까 생각해요.

모든 공간에 힘을 쏟았겠지만, 특히 구현이 힘들었거나 특별한 경험을 안겨준 프로젝트가 있다면요?

항상 새롭게 선보여야 하는 새로운 공간들인 것 같아요. 이전 매장보다 획기적인 공간을 선보여야 하기에 매번 더욱 힘들고 어려운 것 같아요. 3월에 신사 플래그십 스토어도 새롭게 리뉴얼될 거예요. 아마 '젠틀몬스터가 앞으로 이런 식으로 변할 거야.'라고 보여주는 공간이 되지 않을까 생각해요. 사실 세탁소라는 콘셉트의 대구 매장은 쉬운 키워드예요. 그런 콘셉트로 하는 매장이 많기도 하고 더 예쁜 세탁소 콘셉트를 가진 쇼룸이 나올 수도 있어요. 요즘에는 젠틀몬스터만이 할 수 있는 키워드를 잡으려 노력해요. 누구도 '이건 따라 할 수 없어.'라는 생각을 하게 만드는 것이요.

이번에 새 단장을 마친 홍대 매장도 역시 재미있는 공간인 것 같아요. 향을 연구하는 콘셉트라. 그 향을 구매할 수도 있나요?

생각해볼 수 있는 부분이긴 한데, 우선 저희의 목적은 그런 상업적인 것이 아니라서, 그렇게 비치지 않았으면 좋겠어요. 그런데 비 맞은 개 향을 사고 싶어하실까요(웃음).

해외 플래그십 매장 오픈 계획이 또 있나요?

4월 초에 LA 매장 오픈 예정이에요. 중국 청도에도 오픈을 준비하고 있어요. 출장이 잦아요. 저희 팀 같은 경우에는 인풋이 있어야 아웃풋이 나올 수 있는 팀인데, 대표님께서 그 부분에서 아낌없이 투자를 해주시는 편이죠.

기획을 잡을 때 어디에서 영감을 받는 편인가요?

다양한 것 같아요. 길을 걷다가 어떤 사람을 봤는데, 그 사람에게서 영감을 받아 구체화하기도 해요. 갑자기 밤에 전화해서 이거 엄청 좋은 아이디어인 것 같다고 키워드를 주시거나, 평소 제가 좋아하는 음악에서 영감을 받기도 하고요. 저희는 팀장이 꼭 어떤 프로젝트를 끌고 가야 한다는 분위기는 아니에요. 이제 갓 들어온 팀원이라고 해도 좋은 키워드를 던져주면 그걸로 시작되기도 해요. 비주얼 팀은 팀원들이 다양해요. 순수미술 전공자도 있고 패션디자인을 하던 사람, 저처럼 에디터를 했거나 조소과를 나온 사람도 있어요. 다양한 사람들이 모여있어서 더 재미있는 아이디어가 나오는 것 같아요. 요즘은 아트 오브제를 만들 수 있는 사람이 들어오면 좋겠다고 생각해요.

전시하는 사람

사진작가 최랄라

Flower

애니메이션 감독 신카이 마코토는 "사람은 아름다운 장면을 보는 것만으로도 살아갈 힘을 얻는다."고 말했다. "지루하고 졸리다."는 말을 입버릇처럼 내뱉는 자칭 우울한 사진작가 최랄라를 만나고 난 뒤, 어쩌면 그는 아름다운 사진을 찍으며 스스로 살아갈 힘을 얻고 있는 건지도 모른다고 생각했다. 그의 첫 번째 사진전 〈Always boring, Always sleepy〉의 전시 마무리를 이틀 남긴 수요일 오후 3시, 텅 빈 그의 공용 작업실에서 우울하지만 어둡지 않은 최랄라를 만났다.

에디터 **김혜원** 포토그래퍼 **Hae Ran**

Sitting woman, turned back series 8, 2016

Sitting woman, turned back series 1, 2015

Sitting woman, turned back series 10, 2016

The unbearable lightness of being

그냥 좋아서
찍은 사진

최랄라가 본명은 아니죠? 이름은 어떻게 지은 거예요?

왜 그런 거 있잖아요. 인스타그램이든 페이스북이든, 이름을 정할 때 고민하는 사람들이요. '이름 뭐 할까?' 하는 사람들. 저도 그때부터 고민하던 거예요. 그냥 사람들이 제 이름을 부를 때 기뻤으면 좋겠어요. 이름과 관련해서 인스타그램을 찾아보면 웃긴 게 많아요. "랄라랄라랄라 최랄라최랄라." 이런 사람도 있고, 〈라라랜드〉보러 갔다가 '최랄라 랜드' 간다."고 하는 사람도 있어요. 이름 딱딱하게 부르는 거 너무 싫어요.

사진을 전문적으로 배운 게 아니라고 들었어요. 군대에서 사진을 찍다 시작하게 됐다는 인터뷰도 봤어요. 취미로 사진을 찍는 것과 일로 사진을 다루는 건 다른 문제라고 생각해요. 어떻게 취미가 일이 되었나요?

사진 찍는 사람을 사진가로 봐주니까 제가 사진가로 불리고 있는 것 같아요. 사진을 찍게 된 시기는 군대가 맞고요. 그런데 사진으로 돈을 벌고, 상업적인 것과 예술적인 것들에 대해 생각해본 적은 한번도 없어요. 그냥 찍고 찍다 보니까 제 사진을 좋아하는 사람들이 생겼고, 그 사람들 중에 내가 인간적으로 좋아하는 사람과 일을 하게 됐어요. 그냥 좋아하는 일만 찾아서 왔는데, 지금 계속 이렇게 뭔가가 만들어지고 있어요. 저도 그게 신기해요. 사진가로서 '나는 이걸 꼭 이뤄야 해, 이걸 꼭 해야 해.' 하는 게 전혀 아니었거든요. 배고플 때도 많았어요. 말도 못하죠. 스물여덟 살까지 일단 집이 없었고, 차비도 없어서 매일 스튜디오까지 걸어 다녔어요. 배는 고픈데, 그냥 찍어댔어요. 그때 찍은 게 '참을 수 없는 존재의 가벼움*'이었고요. 처음으로 타인에게 무언가를 해주고 싶다고 생각해서 진행한 프로젝트였어요. 돈을 벌게 된 건 스물여덟 살 때부터인 것 같아요.

무엇이 랄라 씨를 계속 사진 찍게 했나요?

사진 말고는 제 스스로 '나'를 느낄 수 있는 게 없었고, 재미있는 것도 없었어요. 그리고 지금 우리가 대화를 하고 있잖아요. 이렇게 물어보고 대답하면서 새로운 것을 알게 되고, 본인의 어떤 경험과 지식으로 이걸 다시 해석하고 정리를 하겠죠. 저는 인간관계에서 많은 것을 느끼고, 이런 모든 상호작용은 저를 움직이게 해요. 요즘에는 어떻게 보면 이것 때문에 사진을 찍는 것도 있어요. 나와 타인의 관계에서 오는 감정들, 어쩔 수 없이 그렇게 해야만 했던 그 사람의 태도나 이미 끝나버린 관계에서 오는 그런 감정들을 계속 표현하고 싶어요.

타인에게 '뭔가를 해주고 싶다'는 마음을 느끼게 된 계기가 있나요?

주변 친구들이나 사람들을 보면서 많이 느꼈는데, '랄라'라는 이름도 그때즈음 생각했던 것 같아요. 시작은 일단 나로 인해서였어요. 내가 나를 생각할 수 있는 환경이 많지 않다는 걸 느꼈어요. 집에 가도 컴퓨터 있죠, 먹을 거 있죠, 널브러진 빨래들도 있어요. 근데 그 모든 것들이 나를 생각하게 해주는 게 아니더라고요. 처리해야 할 일인 거죠. '생각보다 집에서 나를 생각 안 하네.' 그것에 대해 계속 생각하다 보니까 옆에 있는 친구들을 보게 됐는데, 그들 또한 스스로를 생각하는 시간이 별로 없을 것 같았어요. 사진가로서 사람들에게 자신만 생각할 시간을 주고 싶었어요. 그래서 그 사진을 찍었어요. 그리고 매개체가 꽃이라면 사람들에게 좀 더 쉽게 다가가지 않을까, 내 의도를 알아주지 않을까 싶었고요. 만약 제가 자신과 닮은 돌을 가져오라고 했으면 사람들이 못 찾았을 거예요. 그런데 신기하게 꽃은 자신을 닮았다고 느껴요. 나는 아직 안 피었다고 씨앗을 들고 온 사람도 있었고요.

많은 분이 랄라 씨를 'Sitting woman, turned back(뒤돌아 앉은 여자)'로 기억할 것 같아요. 그 작품에 관해서도 이야기해주세요.
거기에서 중요한 거는, 그걸 찍게 된 사람들의 스토리예요. 나체로 뒤돌아 앉아있어야만 했던 여자들의 이야기가 있거든요.

전문 모델이 아닌가요?
네. 다 개인이에요. 지금 현실을 살아가는 사람 중에는 분명 밖에서는 웃지만 집에 돌아와서는 말 못 할 고민으로 끙끙 앓는 사람이 있을 거예요. 누군가의 손길이 필요할 사람들이요. 그런 사람들이었어요.

그분들은 어떻게 섭외했어요?
이야기를 퍼트렸죠. 말하고 싶은데 말하고 싶지 않은 사람들. 페이스북이나 인스타그램에 글을 올렸어요. 그래서 찍게 된 사람들이었고, 구성이나 색감, 그리고 뒤돌아 앉은 그 모습들은 당시 제가 표현할 수 있는 최선이었던 것 같아요. 처음부터 치밀하게 잡고 간 건 아니에요. 그냥 빨간색 벽이 있고 모자 하나 있고 뒤돌아 앉아있는 여자였는데, 거기에서부터 제가 찍고 싶은 걸 찍은 거예요. 내가 보는 대로, 좋아하는 구도대로 툭툭.

이 작품 외에도 대부분 여자가 모델이에요. 여자 모델을 고집하는 이유가 있나요?
남자를 아름답다고 느낀 적이 없어요.

랄라 씨가 아름답다고 느끼는 기준은 뭐예요?
선. 몸의 곡선들이요. 근데 그 이면에 또 뭔가 있겠죠. 사람은 분명 자기가 살아온 환경에서의 어떤 것을 토대로 싹을 틔운다고 생각해요. 내 어린 시절, 불우했던, 유복하지 못했던, 행복하지 못했다고 말할 수밖에 없었던 그런 과거가 있기 때문에 여성의 그런 어떤 걸 좇는 게 아닐까 하는 생각도 하긴 해요.

사진에 영향을 준 인물이나 작품이 있다면요?
처음 에드워드 호퍼Edward Hopper를 보고 되게 절망했어요.

왜요? 하고 싶은 건데 이미 너무 잘한 사람이 있어서요?
그렇죠. 이미 제대로 느끼고 그것을 탁월하게 표현한 사람이 있어서 절망했었고, 마티스Henri Matisse가 색종이를 잘라 표현한 '블루 누드'를 보면서 숭고함을 느꼈고, 호크니David Hockney를 보고 재치 있다고 생각했죠. 정서적으로는 음악과, 지슬라브 벡신스키Zdzislaw Beksinski의 공허함과 기괴함 같은 것들에 영향을 받았어요. 음악은 라디오헤드Radiohead나 포티쉐드Portishead, 지금 듣는 '녹턴'이나 (우리는 쇼팽의 '녹턴'을 듣고 있었다) 레퀴엠이요.

음악이 전체적으로 우울해요.
그걸 중학생 때부터 들었어요. 15년 전부터 계속. 처음 접한 게 포티쉐드였거든요. 그들의 음악으로 시작한 게 잘못이었던 것 같아요. 그 밑으로 더 빠지는 음악이 없더라고요.

즐거움을 주기 위해 이름을 '랄라'로 지었다고 했는데….
저 밝은 거 없어요.

이름이 유일하게 밝은 거네요.
그것도 되게 불쌍한 거죠. "이름 부르면서 행복하세요." 하고 말하는 게 약간 처량하기도 하고요. 그런데 이런 얘기는 이제 그만하고 싶어요. 내가 우울하다고 해서 그걸 굳이 말할 필요도 없고요. 앞으로 사랑을 해서 좀 밝아져야죠.

자이언티나 지코, 크러쉬의 앨범 재킷 사진으로도 많이 알려졌는데요. 자이언티는 원래 알던 사이라고 했어요.
네. 그 친구는 처음 만났는데 "형, 나랑 뭐 좀 해볼래요?" 하고 말하더라고요. 그리고 3년 동안 아무것도 안 했어요. "여기 형 써요." 3년 될 때까지 스튜디오 하나 주고 아무것도 안 했는데, 지금 안 지 딱 4년째거든요? 1년 전부터 미친듯이 시작하네요, 일을.

4년 전이면 스물여덟, 배고픈 시기였던 거죠? 지금 알려진 작품을 할 시기는 아니었던 것 같은데, 스튜디오를 내준다는 게 일종의 투자잖아요. 당시 자이언티는 랄라 씨의 어떤 점을 보고 그런 결정을 내렸을까요?
일단 그 친구는 굉장히 현명하고, 앞을 아주 많이 내다보고 움직이고, 굉장히 지혜롭고 성실한 기독교인이에요. 성실한 기독교인이기 때문에 저를 만난 걸 수도 있어요. 왜냐하면 처음 만났던 제 스튜디오가 이태원 보광동 교회 건물을 비우고 만든 스튜디오였거든요. 스테인드글라스도 그대로였어요. 그런 곳에 자이언티가 와버린 거예요. 성실한 기독교인이 온 거죠.

그냥 우연히요?
네. 그런데 하필 내가 사진을 찍고 있을 때 와서…. 내가 사진 찍는 걸 보고 얘는 저 방에 가서 눈물을 흘렸고(웃음), 눈물을 흘렸는데, 왜 흘렸냐고 물어보니 이 순간이 너무 행복하다면서 또 울어버렸고, 그 뒤에 "형, 같이 합시다." 해서 여기까지 왔어요. 당시 저는 삶이 힘들어서 다 포기하고 워킹비자를 받아 호주 농장에 가서 일하려고 했거든요. 하늘이 기회를 준 건지 잘 모르겠는데, 딱 그때였어요. 출국하기 5일 전. 5일 전에 얘를 만났는데, 그런 말을 하는 거예요. 그래서 다 접고 남았어요.

그때가 사진을 본격적으로 시작하고 몇 년이 지났을 때인가요?
제가 스물세 살 때 시작했어요.

필름카메라만 고집한다는 인터뷰를 봤어요. 이유가 있을 것 같아요.
원래는 디지털로 찍었어요. 그런데 디지털 자체가 일단, 뭐라고 해야 하나, 확인이 가능하잖아요. 확인이 가능한 것은 그 순간순간 더 좋게끔 바꿀 수 있는 여지가 있어요. 그건 내가 처음에 생각했던 것을 지키지 못하는 행위예요. 그런데 필름은 세팅하고 거기에서 한 번 찍고 끝나버리니까, 더욱 내 생각대로 찍히는 것 같았어요. 그게 너무 좋아서 필름으로 찍기 시작했는데, 나중에는 필름이 아니면 못 찍겠더라고요. 디지털의 선명함이 너무 싫어요. 징그럽고 토 나올 것 같아요.

---

*참을 수 없는 존재의 가벼움The unbearable lightness of being
"당신과 닮은 꽃을 가져오세요." 최랄라가 사람들에게 단 몇 초만이라도 자신을 생각할 시간을 주고 싶어서 시작한 사진 프로젝트.

전시가 끝나고
이후의 이야기

아직 이틀 정도 남았지만, 책이 나오는 시점에는 전시가 끝났을 텐데요. 첫 전시를 마친 소감을 미리 말해주세요.
어…. 사람들이 이런 걸 좋아하는구나, 생각했어요.

이런 게 구체적으로 뭔가요?
보는 것보다 경험하는 것. 사람들이 경험하는 것에 시간 쏟는 걸 좋아한다는 것을 알게 됐어요. 보기만 하는 건 별로 재미없어요. 사람들은 자기가 주체가 돼서 빛날 수 있는 그 순간을 경험하는 걸 더 좋아하고 거기에 열광해요.

저도 가봤는데 의자에 앉아 사진을 찍는 분들이 매우 많더라고요. 그런 경험을 말하는 거죠?
그렇죠. 사람들은 하루하루를 준비하고 계획해서 살아가는데, 어떤 사진가라는 이상한 놈이 나와서 스튜디오랍시고 차려놓고 '네 마음대로 놀아라.' 해요. 사람들이 전시장의 문을 열고 들어오면 어리둥절해 하거든요. 전시는 당연히 이런 게 아니니까요. 그런데 이게 전시래요. 심지어 모자도 쓰고, 의자에 앉을 수도 있어요. 뭔가 대접받는 느낌도 들죠. 많은 사람이 인스타그램에 사진을 올린 걸 보면서 '사람들은 경험에는 시간을 쓰는구나.' 생각했죠. 경험할 수 있는 것, 새로운 경험을 주는 것을 어떤 아이콘이나 그런 사람들이 해야 하는 게 아닌가, 앞으로 이런 게 더 많아져야 하지 않을까 싶어요. 음…. 진정성을 전달하려면 이렇게 하면 안 되겠죠?

이것도 충분히 진정성이 느껴지는데요(웃음).
그런데 그거 말고, 소수를 위한, 정말 즐기고 싶은 사람들을 위한 전시를 할 거면 이렇게 하면 안 되고, 다수를 위해서 밥상을 차릴 거면 이렇게 하는 게 맞는 것 같아요.

전시 자체가 '최랄라'라는 사람을 보여주는 장소 같았어요. 일기장 같은 수첩도 있고요. 자신을 드러내는 데 망설임 같은 건 없었나요?
전혀요. 어차피 저는 사진 찍는 사람으로 존재하고 있으니까요. 이건 전혀 숨길 게 아니잖아요. '나는 사진을 찍고 있고 이런 장소에서 이렇게 찍었어.'라고 친절하게 말한 거죠. 사실 오픈한 것도 없어요. 막말로 내가 손에 쥔 게 있어야 숨길 것도 있는데, 그런 게 전혀 없거든요. 심지어 옷도 입고 있는 이거 한 벌이랑 전시장에 걸려 있는 거 한 벌, 두 벌밖에 없어요. 그래서 지금 맨날 하루 입고 하루 빨고, 그렇게 입고 다녀요(웃음).

전시 기획에는 어느 정도 참여했나요?
제가 다 했어요. 그러니까 이렇게 말했어요. 나 이때까지 전시장 다니면서 5분 이상 본 적 없다, 사람들 와서 대충 볼 전시 같으면 안 하겠다, 그러니까 내 마음대로 하게끔 놔둬라. 그리고 애초에 작가에게 맡기는 그런 기획이었던 것 같아요.

'Always boring, Always sleepy'라는 전시명도 직접 지었나요?
네. 나라는 사람 자체가 좀 지루하고, 항상 졸린 놈이에요. 저 문장은 항상 입버릇처럼 말하고 다니고 쓰기도 하고 남들에게 보여주기도 했어요.

전시장과 랄라 씨의 스튜디오가 정말 비슷해요?
지금 여기 보면 물건이 거의 없어요. 의자도 테이블도 다 전시장에 가 있어요.

그래서 이렇게 휑하고 깔끔한 거였군요. 여기가 스튜디오인가요?
여기는 몇 명의 사진가와 한 명의 화가가 쓰는 스튜디오예요. 그냥 휴게소로 보시면 돼요. 스튜디오는 지금 문래동에 만들고 있어요. 거기로 갈 예정이고, 또 제가 최근에 이사를 가서 지금 집에 아무것도 없어요. 그래서 여기에 와있는 거죠.

《노르웨이의 숲》을 보고 노르웨이에 갔다 왔다고 들었어요. 첫 작품명은 밀란 쿤데라Milan Kundera의 소설 제목에서 따왔고요. 평소 책을 즐겨 읽나요?
아니요. 독서 정말 싫어합니다. 그냥 궁금한 것만 봐요.

그럼 두 책은 어떻게 보게 된 거예요?
살던 집에 책이 놓여 있었는데, 커버가 너무 예뻤어요. 《참을 수 없는 존재의 가벼움》 커버가 마그리트René Magritte 그림이었거든요. 그거 보고 반해서 읽기 시작했는데, 재미있더라고요. 첫 장을 보자마자 "이거다!" 하고 타이틀로 정해버렸죠.

취미가 독서가 아닐까 했어요.
아니요, 전혀. 저는 혼자 생각하는 거 되게 좋아하고요. 책에 길이 있다고 하는데, 분명히 길이 있을 거예요. 많은 길이 있겠죠. 책을 읽고 달변가가 되고 좀더 많은 것을 이해할 수 있다고는 생각하는데, 저는 살아가면서 내가 느끼는 것들로 나를 채워가니까 그걸로 만족해요.

앞으로의 계획이 궁금해요.
내가 생각하고 스케치했던 것들, 개인 작업을 다시 시작하려고 계획하고 준비하고 있어요. 상업적인 작업도 재미있는데, 그건 돈이 없어서 해야 하는 상황이 오면 하고, 그게 아니면 벌어놓은 걸로 내 작업에 쏟아붓죠.

마지막 질문이에요. 사진을 시작하고 가장 좋았던 순간은 언제인가요?
사진 찍을 때는 다 좋아요. 찍기 위해 생각하는 것도 너무 좋고, 찍을 때도 행복해요. 사진 찍을 때만큼은 해맑고 웃기도 많이 웃어요.

보다 그린
조각상

일러스트레이터 손은경

The Museum series

고등학교 미술실에는 목만 댕강 잘린 다비드와 줄리앙이 있었다. 오뚝한
콧날과 부리부리한 눈매를 보고 한번쯤 아름답다 느꼈을 법도 한데, 나는
하얗게 질린 그 얼굴이 꽤 무서웠다. 그러다 언젠가 인스타그램에서 석
고상과 조각상을 그린 그림을 봤다. '예쁘다.'고 생각했다. 예쁜 게 그림
인지 조각상인지 모르겠지만, 예뻤다. 정원에서 키스를 나누는 그 아름
다운 조각상 그림은 일러스트레이터 손은경이 그린 '더 뮤지엄'이었다.

에디터 **김혜원** 포토그래퍼 안선근

내가
뮤지엄을 그린 건

'더 뮤지엄' 시리즈는 어떻게 시작하게 되었나요?
작년에 유럽 여행이 가고 싶었어요. 뮤지엄 투어가 너무 하고 싶었거든요. 여행을 구체적으로 계획했던 건 아닌데, 나라별로 가고 싶은 뮤지엄을 찾고 정리하다 보니까 자연스럽게 그리게 됐어요.

자료를 찾다 그림을 그리게 된 거네요. 여행의 목적이 뮤지엄이 된 특별한 이유가 있나요?
보통은 즉흥적으로 여행을 가는 편이에요. 숙소도 정하지 않고요. 그런데 숨어있는 갤러리나 현지 사람들만 가는 작은 갤러리가 궁금하더라고요. 예전에 한 달 정도 파리에만 머문 적이 있는데, 그때는 루브르나 오르세 같은 알려진 곳만 다녀왔거든요.

미술관과 갤러리에는 굉장히 다양한 작품이 있는데요. '더 뮤지엄' 시리즈엔 조각상이 많이 보여요.
원래 조각이나 조소에 크게 관심이 없었어요. 회화는 늘 찾아봤고 좋아하는 작가도 있었는데, 그쪽 분야는 관심이 없어서 잘 몰랐죠. 그런데 찾다 보니 새삼 조각상들이 너무 아름다운 거예요. 유럽에는 정원과 공원에 항상 조각상이 있잖아요. 그 분위기도 너무 예뻤고요. 단순히 시각적으로 아름다워서 그렸어요. 다른 이유는, 제가 색 쓰는 걸 좋아해요. 저 나름대로 해석할 수 있는 색의 오브제 그리기를 좋아하는데. 석고나 조각상이 그렇더라고요.

저는 석고상 하면 하얀색밖에 떠오르지 않아요. 작가님은 그걸 다르게 해

석한다는 거죠?
사람 얼굴과 마찬가지예요. 스킨 컬러를 관점에 따라 회색이나 보라색으로 보는 것처럼, 저에겐 석고상이 그렇게 보였어요. 울퉁불퉁 거칠거나 사람의 손길이 닿아 매끄러운 조각상의 질감을 색으로 표현하는 것도 재미있었고요.

입시 미술을 하면 반드시 석고상을 그려야 하잖아요. 그때와는 느낌이 많이 다를 것 같아요.
네. 석고소묘를 기본적으로 했는데, 저 진짜 그리기 싫어했어요(웃음). 잘못 그리기도 했고요. 그때는 정답이 있는 그림을 그리는 거잖아요. 그래서 더 싫었던 것 같아요. 지금은 내가 그리고 싶은 대로 그리니까 확실히 재미있죠.

그럼 이제 좋아하는 조각가나 작품도 생겼나요?
예전에 실크스크린 작업을 하면서 로댕Auguste Rodin의 '키스'를 그렸어요. 그걸 하면서 자연스럽게 까미유 끌로델Camille Claudel의 작품을 보게 됐는데, 그 살아있는 듯한 느낌이 너무 좋았어요. 그래서 까미유 끌로델 작품을 많이 찾아봤죠. 사실 까미유 끌로델 작품으로 제 작업도 많이 했는데요. 주변에 자체 심의하는 분들이 너무 야하다는 평을 해서….

앞으로 빛 볼 일 없는 작품이 된 건가요?
네, 아마도. 대신 제가 열심히 보겠죠(웃음)?

walking slow

THINK THROUGH

내가
그림을 시작한 건

그림은 언제부터 그렸어요?

어릴 때부터 그림 그리는 걸 좋아하는 애였어요. 잘 그린다기보다 그냥 늘 그림을 그리는 애. 그러다 보니 당연히 미대를 가야겠다고 생각했고, 고등학교 때 입시 미술을 시작했죠. 대학에서는 서양화를 전공했어요. 그런데 전공을 하면서 오히려 그림에 대한 흥미가 많이 떨어졌죠.

왜요? 자기가 그리고 싶은 그림을 그리는 건 지금과 같지 않나요?

대학생 때는 생각만큼 자기가 그리고 싶은 걸 잘 못 그려요. 수업을 듣다 보면 교수님들의 방식에 따라야 하거든요. 그리고 보통 서양화하면 100호 정도 되는 큰 사이즈의 그림을 그려야 한다는 강박이 있어요. 저는 그게 너무 싫었어요. 그때부터 조그맣게 그리는 그림을 선호하게 된 것 같아요.

일러스트레이터가 되어야겠다는 생각도 그때 한 건가요?

그건 아니에요. 처음부터 일러스트레이터가 되겠다는 생각을 했던 것도 아니고요. 대학 졸업하고 회사도 다니다가 우연히 시작하게 됐어요.

아까 색에 관해 이야기 했잖아요. 색을 선택하는 작가님만의 기준이 있나요?

기준은 없는데…. 친구들도 잘 물어봐요. "왜 여기에 이 색을 썼어?" 근데, 저는 그냥 써요. 예를 들면 사람 얼굴에 의외로 어울릴 것 같은 색도 써보고, 안 어울릴 것 같지만 옆에 있는 색과 잘 어울릴 것 같은 색도 써봐요. 나름의 실험을 한 다음에 작업을 정리하는 거죠.

그런 감각은 어떻게 훈련되는 걸까요? 많이 보고 그리는 수밖에 없나요?

저는 보기는 정말 많이 봐요. 그리고 나름의 훈련? 저는 굉장히 즉흥적으로 작업을 하거든요. 색을 쓰는 것도 비슷한 것 같아요. 다른 종이에 미리 연습을 하고 색을 쓰지는 않아요. 즉흥적으로 했는데 괜찮으면, 이게 나름의 훈련이 된 거예요. 그럼 다음 작업에 응용을 한다든가 발전을 시키죠.

그럼 어떻게 하면 작가님처럼 그림을 그릴 수 있나요(웃음)?

어…. 제가 되면 돼요(웃음). 저는 사람마다 필체가 다르듯이 그림체도 다 다르다고 생각해요. 갖고 있는 감정도 다르고요. 그렇기 때문에 자신이 갖고 있는 것을 풀어내는 게 좋은 것 같아요.

보통 밑그림 없이 그리시나요?

네. 밑그림 없이 작업하는 게 편해요. 뭔가 크게 계획을 세우거나 스케치나 연습을 하고 옮겨야지 하면 오히려 잘 안될 때가 많아요.

마음을 먹고 자세를 잡으면 더 안 되나 봐요.

마음을 비우고 손 가는 대로 그리다 보면 뭔가 실수나 오차, 아니면 우연 같은 것에 관대해져요. 완성된 이미지의 스펙트럼도 더 커지는 것 같고요. 그런데 연습하고 계획해서 그리다 보면 그런 것에 야박해지잖아요.

작가님 블로그에서 '세상은 어쩌면 감사함 투성일지도 모른다.'고 써놓은 문장을 봤어요. 최근 감사함을 느꼈던 때는 언제인가요?

저는 사소한 것에도 감동받는 스타일인데요. 어떤 그림을 인스타그램에 게시

했는데, 그걸 보고 미국에서 미술을 전공하는 유학생이 메시지를 보냈어요. 한창 그림 그리기 싫은 과도기였는데, 제 그림을 보고 저처럼 좋아하는 것부터 차근차근 해나가면 될 것 같다는 용기를 얻었다고요. 너무 감사했어요.

평소 좋아하는 작가나 작품이 궁금해요.

저는 호크니David Hockney 좋아하고요, 마티스Henri Matisse도 좋아해요. 그들의 스케치나 습작을 많이 찾아봐요.

두 분 모두 색을 예쁘게 쓰잖아요. 저는 색채에 영향을 받았다고 말할 줄 알았는데, 습작을 보면서 무엇을 느끼거나 생각하나요?

물론 색 영향도 많이 받아요. 그런데 무의식적으로 그리는 것, '이렇게 한번 해볼까?' 하고 대충 그린 그림에서 오는 에너지가 좋아요. 그 사람에게서만 나올 수 있는 감각이 거기에서 보이는 것 같거든요.

작가님도 무의식적으로 그리는 그림이 있나요?

보통 무언가 꽂히면 그런데, '더 뮤지엄' 시리즈가 그랬어요. 몇 년 전에는 나뭇잎만 그렸고요. 요즘에는 없네요. 사실 경주에 잠깐 있으면서 큰 사이즈의 그림을 그려보고 싶었는데 잘 안됐어요. 내가 하고 싶다고 되는 게 아니기 때문에 마음을 비워보자, 하고 영화를 정말 많이 봤어요. 일 때문에 가져간 외장하드에 영화가 가득 있었거든요. 영화를 보고 좋았던 장면들을 머리를 비우는 기분으로 그리긴 했어요.

인스타그램에 종종 영화 포스터나 장면을 그린 게 올라와서 어떤 계획이 있는 줄 알았어요.

계획은 없었어요. 없었는데, 그 그림들로 2017년 달력을 만들어볼까 생각 중이에요. 많이 늦었지만 아직 제가 쓸 달력이 없더라고요.

요즘에는 꿈을 묻는 것도 사치인 것 같은데요. 혹시 작가님은 꿈이 있나요?

음…. 계속 그림을 그리는 사람이면 좋겠어요.

현실적인 여건과 맞물려야 하는 일인 거죠?

네. 제가 실크스크린 작업을 하는 것도 계속 그림을 그리고 싶다는 의미의 경제 활동이거든요. 그림을 꾸준히 그리고 싶어요. 그리고 또 하나 있어요. 요즘에 생긴 건데, 다른 사람 눈치 안 보고 그림을 그리고 싶어요. 그러니까 '어, 이거 사람들이 싫어할 것 같은데.' 하고 생각할 때가 있어요. 예전에는 안 그랬는데 지금은 조금은 더 사람들이 좋아하고 예쁘다고 생각하는 이미지를 그리고 있는 것 같아요. 내가 그 방향을 보고 있어서 그렇게 그린 건지 아니면 사람들이 좋아하니까 그런 건지 헷갈리기 시작했어요.

그림이 조금씩 알려지면서 그런 마음이 드는 걸까요?

그럴 수도 있는 것 같아요. 그리고 더 알려지고 싶기도 하고, 더 사랑받고 싶으니까. 그런데 눈치 안 보고 그림 그리고 싶다(웃음).

저도 그래요. 그럼 이게 신년 목표 중 하나일 수도 있겠네요.

네. 앞으로도 쭉 그랬으면 좋겠어요.

일러스트레이터 손은경이
좋아하는 미술관 두 곳

ⓒ국립현대미술관

국립현대미술관 덕수궁관

A. 서울시 중구 세종대로 99
T. 02 2022 0600

"정원이 아름다운 곳이에요. 저는 미술관 자체보다 주변 환경을 많이 보는 것 같아요. 그러니까 미술관 가는 길이 좋으면, 전시도 좋고 다 좋아요(웃음)."

덕수궁 내에 위치한 국립현대미술관의 분관이다. 1938년 '이왕가미술관'으로 개관한 근대식 석조 건물인 석조전 서관을 전시장으로 사용한다. 국립현대미술관 덕수궁관에서는 화가 유영국의 탄생 100주년을 기념하는 전시 〈유영국, 절대와 자유〉가 3월 1일까지 열린다.

ⓒ갤러리 팩토리

갤러리 팩토리

A. 서울시 종로구 자하문로10길 15
T. 02 733 4883

"저는 갤러리 팩토리의 2층이 참 좋아요. 보통 전시가 2층 사무실까지 연결되어 있는데요. '이런 데서 일하면 출근할 맛 나겠다.'라는 생각도 했어요."

서촌의 고즈넉한 분위기를 느낄 수 있는 작은 갤러리다. 국내외 현대미술 작가, 디자이너, 공연기획자와의 협업으로 전시를 진행하고, 출판을 하거나 디자인 제품을 개발한다. 갤러리 팩토리에서는 핀란드와 한국의 타이포그래피, 디자인 등을 결합한 전시 〈타이포크라프트 헬싱키 to 서울〉을 2월 10일까지 진행한다.

손안의
작은 박물관

여운이 긴 전시도 시간이 지나면 감흥이 옅어지기 마련이
다. 그 순간을 영원히 기억하고 싶을 때 도록을 꺼내본다.
작품과 대화하던 그때의 감정을 다시금 떠올리게 만들
어 주는 책. 도록은 오래도록 남아있는 작은 전시장이다.

에디터 정혜미 포토그래퍼 윤동길

도록을 왜 사냐고
묻는다면

아무것도 모르는 시절엔 도록을 사는 것이 그저 멋져 보였다. 전시를 완벽하게 이해한 듯 보였고 예술을 잘 아는 사람처럼 느껴졌다. 언제 다시 펴볼지도 모르지만 모아두고 싶었다. 내 첫 도록은 서울시립미술관에서 열린 반 고흐 전시회에서 산 것이다. 당시 거금을 주고 사면서도 이걸 언제 열어볼까 생각했다. 그런데 책장 정리를 하다가 혹은 가끔 무료함을 느낄 때 도록을 펴보게 되었고, 보다 보면 그때의 기억이 되살아났다. 21살 한창 친구들과 예쁘게 차려입고 미술관에 갔던 기억, 그림을 보고 느꼈던 감동, 미술관에 전시되어 있는 그림, 관람하는 사람의 모습, 관람을 마치고 바로 옆 카페에서 커피 한 잔을 마시며 수다를 떤 기억까지. 도록 한 권으로 추억을 되짚

고 다시 그림을 감상하곤 했다. 이사를 하면서 잃어버린 건지 요즘엔 그 도록이 통 보이지 않는다. 새해 목표에 한 가지가 추가되었다. 좋은 전시를 보면 도록을 사서 모아보자는 것.

요즘 전시를 많이 보러 다닌다. 당연히 도록에 관심을 두게 되는데, 도록 디자인을 보면 일반 서적들과는 확실히 다르다. 어떤 도록은 전시에서 받은 감명과는 무관하게 그냥 예뻐서 사고 싶은 것도 많다. 그리고 사람이 많은 전시장에서 미처 보지 못한 작품을 도록에서 처음 보기도 하는데, 오히려 그 작품이 마음에 와 닿은 경우도 있다. 나도 책을 만드는 데 작게나마 일조하고 있지만 도록을 만드는 작업은 어떤 것인지 새삼 궁금했다.

수집하고 싶은
워크룸프레스의 도록들

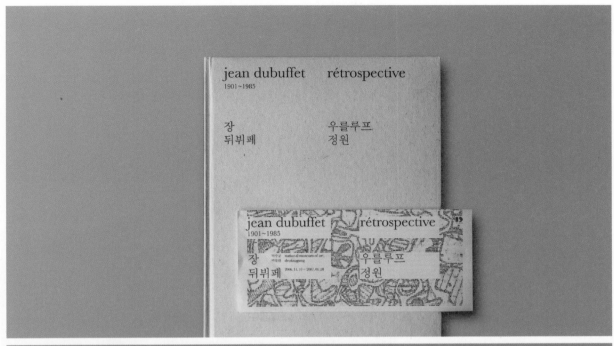

워크룸프레스

워크룸프레스는 디자인 스튜디오 워크룸의 출판 브랜드다. 두 곳 모두 그래픽 디자인과 편집 디자인을 한다. 각 디자이너들의 성향이 달라서 다양한 형태의 디자인 작업을 엿볼 수 있다. 워크룸이 탄생할 즈음 우연치 않게 작업한 첫 도록을 통해 문화예술 분야의 출판을 시작했다.

H. workroompress.kr

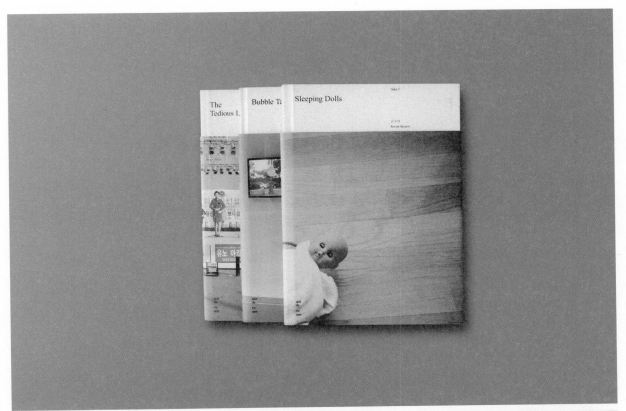

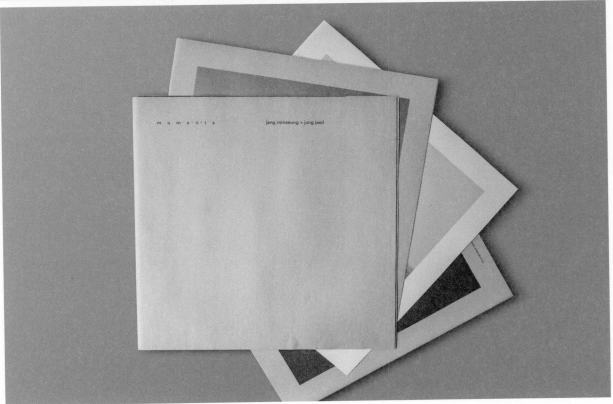

"작가는 자신의 작품에 수없이 많은 공을 들이잖아요.
그런데 그 위에 글자를 올리면 작품을 해치는 것 같은 느낌이 들었어요."

어떻게 도록을 만들게 되었는지 궁금해요.

도록은 아니지만 우연히 문화예술 분야를 다룰 수 있는 일을 의뢰받았어요. 전시의 홍보물을 제작하다가 도록도 같이 제작하게 되었죠. 몇 년 전만 해도 저희 스튜디오가 이 길에서 독특한 편이었어요. 예쁜 카페도 많이 없었고요. 그리고 이 서촌이라는 동네에 작가분들이 많이 거주하잖아요. 당시 작가분들이 호기심에 들어오셔서 뭐 하는 공간이냐고 물어보곤 했어요. 그러다가 한 작가분이 개인전을 여는데 초청장 같은 것도 만들어주냐고 문의를 하시고 그 제작을 하면서부터 더 문화예술 분야에 관심을 갖게 되었죠.

첫 도록은 무엇이었나요?

워크룸은 전 안그라픽스 편집자인 박하선 씨와 디자이너 김형진 씨, 그리고 제가 만든 회사예요. 당시 제가 회사를 그만두고 워크룸을 준비하는 사이에 김형진 씨는 아직 회사를 다니고 있었거든요. 그때 김형진 씨가 저에게 도록 디자인 일을 하나 연결해줬어요. 국립현대미술관 덕수궁관에서 프랑스 화가 장 뒤뷔페Jean Dubuffet 전시를 했는데, 그 도록을 디자인하게 된 거죠.

도록 작업을 처음 해본 느낌은 어땠나요?

도록을 만드는 과정은 여태까지 제가 했던 작업과는 전혀 달랐어요. 예전에는 기업과 일을 해서인지 아무래도 갑을 관계가 뚜렷했거든요. 그런데 큐레이터와 장 뒤뷔페 재단 사람들과 이야기를 나눠보니 서로 협업 관계에서 작업한다는 걸 느꼈죠. 책 디자이너로서 제 의견도 많이 공유할 수 있었고요. 그런데 그만큼 저도 공부가 필요하다고 생각했어요. 당시 미술에 관심이 있었던 것은 아니었거든요. 장 뒤뷔페가 굉장히 유명한 프랑스 화가인데, 당시 저는 몰랐어요. 도록에 논문 내용도 많이 들어가기 때문에 나름대로 공부를 많이 했죠.

본인에게도 공부가 된 경험이었겠네요.

맞아요. 하나하나가 새로운 경험이었어요. 그리고 그 작가의 도록은 이미 세계적으로 굉장히 많이 나와 있었어요. 가장 유명한 것은 퐁피두 센터Centre Pompidou에서 전시했을 당시 만들었던 도록이죠. 그만큼 작업 과정이 까다로웠지만 한편으로는 정말 재미있었어요. 미술관마다 수장고가 있잖아요. 당시 덕수궁 미술관 수장고에도 들어가보는 경험을 했어요. 보통 재단에서 작품 이미지를 받아서 작업하거나 그보다 더 좋은 이미지를 발견하면 직접 요청하기도 해요. 그런데 실제 작품을 보지 못한 상황이잖아요. 책을 만들면서 작품을 보면 더 좋겠다고 생각했는데, 마침 재단 이사장도 실제 작품을 봐야 한다고 하더라고요. 디자인이 얼추 완성되고 가제본을 가지고 작품과 비교해보는 과정이 있었어요. 신기하고 재미있는 경험이었어요. 실제로 보니까 감이 오더라고요. 색도 잘 맞출 수 있었고요.

이전엔 도록을 만드는 디자인 회사가 많이 없었던 것 같아요.

저희도 몰랐는데 당시에 도록 출판 시장이 굉장히 획일화되어 있었어요. 리움이나 국립현대미술관처럼 큰 규모의 전시 도록을 제외하고 개인 작가들의 도록을 만드는 전문 업체가 있어요. 인쇄 업체죠. 일정한 포맷이 정해져 있고, 페이지와 작품 수만 알려주면 바로 견적을 알 수 있고 제작에 들어가는 거죠. 그 견적을 보고 계산해보니, 그 비용이면 저희가 더 잘 만들어줄 수 있을 것 같았어요(웃음).

도록을 디자인하는 것과 인문학 서적을 만드는 것은 어떤 차이가 있나요?

일단 주어지는 재료들이 달라요. 인문학 책은 완성된 원고가 있잖아요. 그리고 책의 분위기가 어느 정도 정해져 있죠. 그런데 도록은 완료된 것이 없어요. 계속 전시를 준비하면서 도록도 함께 제작하는 거죠. 그래서 전시 콘셉트나 계획이 바뀌면서 도록의 방향성도 계속 바뀌어요. 완성된 원고가 있으면 전부 읽어본 후 디자인을 하기 때문에 '사람들이 이 책을 어떤 느낌으로 읽겠구나'라는 감을 잡을 수 있어요. 그럼 디자인할 때 글자체나 배열 등을 미리 생각할 수 있어요. 전시 도록은 글보다 전시 주제에 집중해요. 대표 전시 작품이 중간에 바뀌면 도록도 계속 바뀌고요.

책의 가치도 조금 다를 것 같아요.

인문학 서적이나 단행본은 책 자체가 전부잖아요. 그런데 도록은 전시의 부가적인 요소로 생각하기 쉬운 것 같아요. 유명한 작가가 아니고서야 개인 작가분들은 전시에만 집중하는 경우가 많아요. 예산도 전시에 많이 투자를 하죠. 사실 도록이 오래도록 남겨지는 것이어서 더 잘 제작하면 좋지 않을까 하는 생각이 들기도 해요.

도록에 분배된 예산이 적으면 아무래도 디자인에 한계가 있을 것 같아요.

한번은 회화 작가의 도록을 만들게 되었는데, 회화 작품은 보통 4도 인쇄를 해야 돼요. 그런데 예산이 넉넉하지 않았죠. 그래서 제가 생각했던 것이 제본을 다르게 하자는 것이었어요. 글만 들어가는 부분은 얇은 종이에 1도 인쇄를 하고, 색이 들어가는 페이지는 발색이 잘되는 종이에 4도 인쇄를 하는 방법으로 만들었죠. 그래서 내지 종이가 다 달라요. 그런데 재미있는 것이 그 도록이 작가분들 사이에서 소문이 났나 봐요. 다른 작가분들도 와서 도록을 의뢰했죠. 똑같은 방식은 아니지만 그런 식으로 몇 권을 만들었어요. 제본을 아예 안 한 도록도 있었어요. 공정 비용을 아끼기 위해서 인쇄와 제단만 하고 작가가 직접 접어서 완성한 것도 있었죠(웃음). 적은 예산으로 만들었지만 고민을 많이 한 도록들이에요.

도록은 전시를 본 후의 여운을 다시 한 번 느낄 수 있게 해주고, 미처 놓쳤던 작품에 대해서 알게 해주잖아요. 도록을 디자인할 때 가장 염두에 두는 것은 무엇인가요?
도록은 전시를 본 사람들에게는 작품을 구체적으로 알게 하는 기회가 되는 거고, 전시를 보지 못한 사람에게는 새로운 정보를 줄 수 있잖아요. 책의 기능이 일반 서적과는 다르니 디자인할 때 집중하는 부분도 조금 다른 것 같아요. 도록을 디자인할 때 제 역할은 읽는 사람들에게 자연스럽게 정보를 제공하는 거예요. 사실 어떤 책이든 독자로 하여금 그 글을 온전하게 이해할 수 있게 만들면 그 기능에 충실했다고 보거든요. 이건 도록뿐만 아니라 모든 책을 디자인할 때 생각하는 것인데요. 제가 책 디자이너로서 할 수 있는 것은 책을 보는 사람들의 글에 대한 미적 감각을 조금씩 높여주는 거라고 생각해요. 당연하다고 생각했던 책에 대한 기준이 있잖아요. 그런데 전 배열이나 글자 등의 디자인을 조금씩 변화시키면서 그 기준들을 높이는 거죠. 사람들이 접하는 책들이 다양해지고 미적으로 좀더 아름다워질 수 있도록 만드는 거라고 생각해요.

워크룸프레스의 작업들을 보면 디자이너마다 성향이 다른 것 같아요.
다양한 디자인을 할 수 있으면 의뢰자 입장에서는 선택의 폭이 넓어지잖아요. 그래서 한 스튜디오지만 다양한 스튜디오들이 모여있는 거 같은 느낌을 주고 싶었어요. 초반에는 회사 대표 전화로 의뢰를 하시다가 요즘에는 특정

디자이너와 작업하고 싶다고 의뢰하는 사람도 많아요. 저 같은 경우는 되게 단순해요. 예전에는 기업들과 일을 하다 보니 인위적이어도 아름다운 이미지를 연출해야 했거든요. 그래서 이미지에 대한 반감이 있어요. 정직한 것들을 찾다 보니 심플한 것을 추구하게 된 것 같아요. 사실 원재료 자체를 가공하지 않는 모습이 가장 좋은 거잖아요. 그러다 보니 글자를 선택하게 되고 타이포그래피를 많이 사용하게 되었죠.

표지 디자인에도 타이포그래피를 많이 활용하시죠?
도록도 마찬가지예요. 요즘에도 그렇지만 예전에는 특히 작가분들이 자신의 대표 작품이 꼭 표지에 드러나야 한다는 생각을 많이 갖고 있었어요. 그러면 표지 이미지에 글을 얹어야 하는 거잖아요. 그게 싫었어요. 작가는 자신의 작품에 수없이 많은 공을 들이잖아요. 그런데 그 위에 글자를 올리면 작품을 해치는 것 같은 느낌이 들었어요. 글자만으로 작가의 정체성을 표현해주고 싶었죠. 그래서 작가의 이름이나 전시의 주제를 아예 BI나 CI처럼 만들기도 해요. 한번은 작가분한테 표지로 활용할 소스를 요청했던 경우도 있었어요. 그 작가의 작품이 마티에르Matiere적이었어요. 그래서 스탬프를 만들어주고 시안을 보여주면서 이런 식으로 표지를 디자인하려고 하니 직접 스탬프를 좀 찍어달라고 요청했죠. 그 소스로 표지를 만들었어요. 제가 작가도 아닌데 그 사람의 대표 이미지를 만든다는 것 자체가 조심스럽긴 했어요. 수위 조절을 못 하면 굉장히 우스꽝스러워지기도 하거든요. 그래서 적정선을 찾기 위해 노력하죠.

도록의 내지에도 작품을 해치면 안 된다는 생각이 드러나는 것 같아요.
전시 도록에 작품이 들어가는 것은 공간에서 보지 못한 작품을 지면으로 보게 하는 거잖아요. 또 하나의 공간이 되는 거죠. 그래서 온전하게 작품만 감상할 수 있게 만들고 싶었어요. 앞으로도 그런 도록을 만들고 싶어요.

레이크스 박물관의 새 단장

10년 동안의 'THE NEW'

레이크스 박물관은 2003년 재건축을 위해 문을 닫았다. 문을 닫자 관람객은 볼 수 없던 박물관 안의 사람들이 걸어 나오기 시작했다. 〈레이크스 박물관의 새 단장〉은 그 시간을 담은 다큐멘터리다. 2008년 재개장 예정이던 박물관의 문은 2013년이 되어서야 다시 열렸다. 그들이 만들어낸 'The New'는 어떤 것이었을까.

에디터 **이현아**　자료 제공 **D-BOX**, 레이크스 박물관

그러니까,
자전거의 입장

그러니까 자전거 때문이다. 다 자전거 때문이다. 레이크스 박물관의 재건축을 맡은 건축가 안토니오 크루즈Antonio Cruz와 안토니오 오르티즈Antonio Ortiz를 대신해 하는 말이다. 그들은 암스테르담 국립박물관 재건축이라는 거대한 프로젝트를 따냈다. 자전거와 사람의 통행로이며 박물관의 입구인 도로를 지하로 내려가도록 개조하는 아이디어가 핵심이었다. 하지만 재건축이 시작되자 그 계획은 수포로 돌아간다. 실행을 하려고 하면 시시각각 설계를 바꿔야 하는 문제에 부딪혔다. 이 모든 게 자전거 때문이다. 자전거 도로를 오른쪽으로 두느냐, 왼쪽으로 두느냐, 지하로 두느냐, 간격을 넓히느냐 좁히느냐. 자전거 이용자 조합과 시민들의 공청회는 모두의 '불편'이 줄어들 때까지 끊임없이 열린다.

"자전거로 박물관 밑을 지나가는 건 이 도시의 소중한 문화 일부고 재건축을 위해서 오랜 전통을 없애려 드는 건 부끄러운 짓입니다. 물론 '야경'이나 '우유 따르는 하녀' 같은 그림은 아주 훌륭한 작품이지만 예술을 위해서라는 명목 하에 세계에서 가장 아름다운 자전거 도로를 없애는 건 용납하지 못할 일입니다.(자전거 이용자 조합)"

레이크스 박물관을 재건축하는 데 무엇보다 중요한 것은 '자전거의 입장'이다. 다시 말하면 '시민'의 입장이다. 시민의 세금을 걷어서 운영하는 박물관이기에 그렇다. 그래서 건축가나 관장은 렘브란트Rembrandt의 작품보다 자전거 도로를 두고 골머리를 앓아야 하고, 자전거 도로가 해결되면 자치구 의회, 보조보행기와 휠체어 이용자들의 의견도 들어야 한다. 모두가 박물관 입구가 만들 수 있는 일상의 '불편'에 의견을 낸다. 그뿐만 아니다. 박물관은 암스테르담 환경미화위원회에게 창살은 어떤 걸 쓸 건지, 특정 무늬가 있는 건지, 정원과 어떻게 조화되는지, 목재를 수직으로 붙일 건지, 은촉과 대형 패널을 사용할 건지, 지붕의 형태는 어떤지에 대해서 대답해야 한다. 건축가와 관장은 질렸다는 표정을 지으며 말한다. "이 나라는 가끔 민주주의의 정신병동 같을 때가 있죠. 쿨하기 짝이 없는 암스테르담 만세예요. 뭐든지 허용되죠. 최고예요. 렘브란트의 작품보다 자전거 도로에 더 신경을 써야 해요. 그게 제 운명이죠.(관장)" 하지만 렘브란트의 작품과 자전거 도로가 정말로 다른 선상에 놓인 일일까?

여전히,
박물관 관리인의 입장

"레이크스 박물관에 사는 사람이 또 있을까요? 저밖에 없어요. 저만 할 수 있는 일이죠. 정말 근사한 일이에요."
레오 판 헤르벤Leo van Gerven은 박물관 관리인이다. 공사가 진행될 때도, 멈출 때도 그는 박물관에 있다. 그는 박물관의 새벽과 아침, 낮과
밤을 모두 아는 유일한 사람이다. 관장이나 큐레이터, 건축가나 인부들이 돌아다닐 때와 관리인인 그가 걸어 다닐 때의 박물관의 모습은 다
르다. 박물관은 그에게 자신을 보여주고 그는 박물관의 모든 것을 사진처럼 기억한다. 그의 꿈은 '이곳을 잘 관리하는 것'이다. 10년 동안
그는 산책하듯 박물관을 걷는다. 평온한 얼굴의 그가 영상에서 단 한 번 분노하는 장면이 있다. 바로 자전거 조합이 박물관 입구를 점거하려
고 했을 때다. 그는 단호한 눈빛으로 목재로 입구를 봉쇄한다. 그리고 레이크스 박물관이 마치 자식과 같이 소중하기 때문에, 라고 말한다.
오래된 그의 숙직실 벽에는 현장에서 찍은 사진이 가득하다. '이곳은 내가 통제한다!'라는 글이 장난스럽게 쓰인 사진 속 그의 웃음이 천
진하다. 공사 중인 박물관을 보며 그는 동료와 대화를 나눈다. "언젠가는 이 작업도 끝나겠지. 왠지 가슴 아프네.", "그래?", "여기는 내 집
이었으니까."
관람객은 그의 모습을 볼 수 없지만 박물관은 그를 기억한다. 박물관은 그를 알고 있다.

그럼에도 불구하고,
작품의 입장

레이크스 박물관은 백만 점 이상을 소유하고 있는 대형 박물관이다. 박물관이 재건축되는 10년 동안 큐레이터들은 전시할 소장품을 추려낸다. 박물관 소유의 렐리스타드 창고Depot Lelystad에는 수많은 작품이 옷장 안의 옷처럼 걸려있다. 큐레이터들과 관계자들은 해당 관의 주제와 그림이 어울리는지, 미술사적으로 가치가 있는지 등 다양한 요소를 고려하며 재개장할 박물관에 걸릴 그림을 걸러낸다. 또한 박물관에 새로 들여올 작품을 선정하는 것도 그들의 일이다. 아시아관 큐레이터인 멘노 피츠키Menno Fitski는 교토에서 발견한 두 석상을 암스테르담으로 가져오기 위해 노력한다. 석상이 암스테르담으로 도착한 후 그는 종종 혼자 어두운 창고에 간다. 어둠 속에서 석상을 마주하고 만진다. "이 석상들은 아주 중요한 작품이에요. 이런 곳에 있을 만한 작품이 아니죠. 이렇게 깜깜한 창고 안에서 관람객도 없이 있어서는 안돼요." 마침내 공사가 마무리되고 전시관에 석상이 놓인다. 승려들이 석상에 제의를 지낸다. "이국 땅이 낯설지 않도록 예의를 갖춰 환영해주려고요." 큐레이터의 말대로 석상은 그곳에서 그들과 함께 새로운 삶을 시작한다. 멈춰있던 작품의 시간이 다시 흐른다.

재개장을 앞둔 관장은 마무리 작업이 한창인 박물관에서 인터뷰를 한다. 포토그래퍼가 말한다. "렘브란트의 '야경'을 걸 액자걸이가 보이시죠? 그쪽에 가서 서세요. 사진은 세 장 찍을 겁니다." 관장은 아직 그림이 걸리지 않은 액자걸이 앞에 선다. 어쩌면 이 모든 게 작품의 걸이를 만드는 과정 아니었을까. 그림이 걸리고 나면 보이지 않지만, 묵묵히 뒷면에서 무게를 받아낸다. 이제 박물관이 다시 북적일 것이다. 누군가는 그들의 노고를 알아주고 누군가는 그렇지 않겠지만. 레이크스 박물관 앞에 붙은 'The New'는 10년 동안 박물관을 지킨 사람들의 일상이 만들어낸 오래되고 단단한 단어다.

"아주 만족스럽습니다. 아무 노력도 들이지 않은 느낌이잖아요. 수년간 공사했는데 그런 느낌이 안 들어요. 그동안의 고된 노력이 겉으로 드러나지 않아요. 바로 이런 게 '우아함'이에요. 임무는 완수했어요.(건축가)"

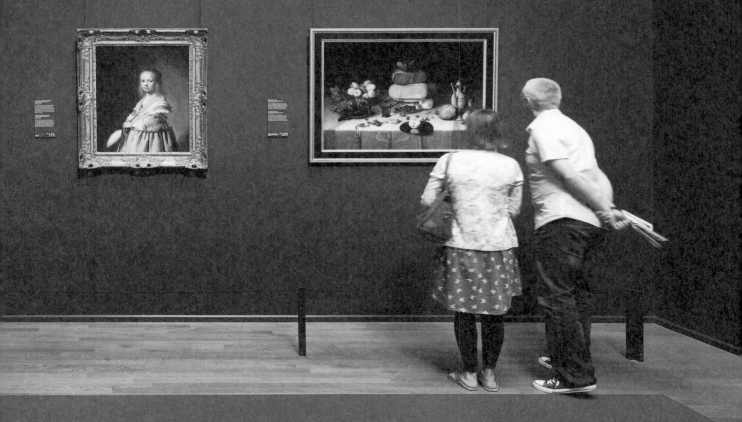

© Erik Smils

스스로 자신의
박물관을 만든 사람

살바도르 달리

"매일 아침 잠에서 깨어날 때마다 나는 최고의 희열을 느낀다. 내가 살바도르 달리라니!" 달리가 했다는 이 말을 처음 들었을 때 나는 몹시 기분이 좋아져서 한참을 깔깔 웃었다. 나는 살바도르 달리의 작품을 잘 모르고, 특별히 좋아하는 작품도 없지만, 달리에 대한 이야기를 찾아 읽다 보면 한없이 기분이 좋아지곤 한다. 거침없이 상상하고 최선을 다해 마음대로 사는 사람, 자기 검열 따위 없는 사람이 이 세상에 살았다는 것만으로도 위안이 될 때가 있다.

글 정다운 사진 박두산

가우디와 피카소,
그리고 살바도르 달리

유럽, 그중에서도 스페인에 살아 좋은 점 중의 하나는 위인전에서나 만날 법한 사람들이 영 멀리 있는 것처럼 느껴지지 않는다는 것이다. 내가 살고 있는 바르셀로나에는 135년째 공사 중인 성당이 있다. 건축가 가우디가 설계한 '성 가족 성당'. 가우디는 이미 세상에 없지만, 그가 설계한 성당은 오늘도 지어지고 있다. 그래서 이곳 시민들에게 그리고 나에게 가우디는 '과거의 사람'이 아니다. 가우디는 우리가 잘 아는 화가 피카소보다도 29년이나 먼저 태어났다. 피카소가 스페인에서 지낸 어린 시절 동안 가우디의 영향을 받았다는 이야기도 있다. 젊은 달리가 파리에 가서 피카소를 처음 만났을 때 피카소는 이미 대가였다. 피카소와 살바도르 달리, 두 사람은 또한 23살 차이가 난다.

가우디가 만든 보도블록 위를 걷고, 피카소가 그렸다는 벽화 앞을 지나다니고, 또 달리가 로고를 디자인했다는 츄파춥스 사탕을 먹다 보면, 이 명장들이 과거의 위인이 아니라, 지금 바로 옆에서 활약하고 있는 셀러브리티 같은 느낌을 받는다. 가우디와 피카소는 내가 태어나기 전에 이미 세상에 없었지만, 달리는 1989년에 사망했다. 그러니까 우리는 실제로 동시대를 함께 산 셈이다. 기억은 나지 않지만, 초등학생 시절 지구 반대편에서 달리의 부고 기사를 읽었을 수도 있다. 그리고 28년 뒤 나는 스페인 거리를 걷고 있다. 스페인 사람들이 달리의 사망 당시 바로 이 길 위에서 그를 애도했을 거라는 생각이 들자 시간과 공간이 뒤섞여 묘한 기분이 된다.

한번 산다면
달리처럼

내가 좋아하는 화가들은 대부분 가난했다. 생전에 작품을 인정받지 못해 생활고를 겪은 화가는 셀 수 없이 많다. 폴 고갱이나 모딜리아니도 사후에야 제대로 인정을 받을 수 있었고, 특히 반 고흐는 사는 동안 내내 가난에 시달렸다. 영국 드라마 〈닥터 후〉 에피소드 중에 고흐가 시간을 거슬러 오늘날의 파리의 오르세미술관에 방문하는 장면이 있다. 관람객으로 꽉 찬 전시장 벽에 자신의 그림이 빽빽하게 걸려있는 모습을 보고 반 고흐는 온 얼굴이 점점 빨개지며 눈물을 흘린다. 나는 그 장면을 돌려볼 때마다 그와 함께 우는데 그건, 살아생전 그는 자신이 이렇게 사랑받을 줄 알았을까, 하는 안타까움과 아쉬움 때문이다.

하지만 살바도르 달리는 다르다. 달리는 살면서 인정받았고, 사랑받았으며 스스로를 사랑했다. "나는 천재다. 나는 영원히 기억될 것이다."라고 확신했다. 그리고 돈도 많이 벌었다. 고흐를 생각하며 조금 침울해진 마음이 달리를 떠올리면 다시 밝아진다. 나는 고흐의 그림을 더 좋아하지만, 한번 산다면 달리처럼 살아보고 싶다.

바르셀로나에서 북쪽을 향해 차로 한 시간 반쯤 달리면 닿는 도시 '피게라스'에는 달리가 생전에 직접 조성한 달리 박물관이 있다. 그 얘기를 듣자마자 나는 또 기분이 좋아져서 당장 그곳에 가보고 싶어졌다. 와, 자신의 그림을 모아, 살아생전 번 돈으로, 직접 자신을 위한 박물관을 만들었다고? 화구 살 돈도 없던 반 고흐가 들으면 부러워서 한 번 더 울 일이다.

피게라스에 있는
달리 박물관

사람이 사는 동네를 두고 '볼 게 없는 곳'이라는 표현을 하지 않으려고 애쓰는 편인데, 미안하지만 피게라스는 정말 볼 게 별로 없는 도시다. 내가 다녀본 스페인의 도시들은 오래된 건물들이 분위기 있게 낡아가는 곳이었다. 나이 든 건물 사이 거리는 밝고 사람들은 느긋한 곳. 하지만 차가 피게라스에 들어가는 순간, 나는 스페인이 아닌 한국의 쇠퇴한 지방 도시에 들어선 것 같은 인상을 받았는데, 달리 박물관 앞에 이르러 그 느낌은 더 강해졌다. 대충 지은 것 같은 건물에 관리 안 된 인도, 도로에 세워진 차는 많았는데 거리에 사람은 별로 보이지 않는다. 급히 만들어졌다 쓰임새가 없어져 버림받은 지방 위성 도시 같다.

내비게이션이 '달리 박물관'에 도착했다고 알렸다. 하지만 주변을 둘러봐도 근처에는 한국의 예식장 같이 생긴 건물뿐이다. 그 건물 앞에는 좁은 찻길을 사이에 두고 주차 타워가 있다. 주차 타워라니, 스페인에서 처음 보는 것. '정말 주차 타워?' 하며 스쳐 지나가는 순간 방금 본 조악한 건물이 '달리 박물관'이라는 것을 알았다. '극장'을 개조한 박물관이라고 들었는데, 내가 상상한 유럽의 극장은 '오페라 하우스'나 '원형 경기장' 같은 것이었나 보다. 실망은 내 탓이다.

공터에 차를 세웠다. 그리고 달리 박물관까지 걸어 올라가는 동안, 말라비틀어진 개똥과 깨진 보도블록을 수없이 지나쳤고, 시멘트 담 위를 천천히 걷는 비쩍 마른 고양이를 보았다. 피게라스에서 태어났지만 마드리드나 파리 등에서 주로 생활했던 달리는 생의 마지막에 이곳으로 돌아와 이 도시와 딱 어울리는 외양의 박물관을 만들고 그곳에 묻혔다.

달리의 뇌 속을
여행해볼까

박물관 내부는 외관과 달리 웅장하고 우아하다. 입장하면 내부 지도를 하나씩 주는데, 동선에 따라 번호가 쓰여 있다. 그 번호대로 걸으며 감상하면 된다. 이 작품을 어디에 걸지, 어느 위치에 설치할지 달리는 하나하나 직접 정했다고 한다. 그래서 달리 박물관을 보는 일은 다른 박물관들을 관람하는 것과 아주 달랐다. 관람이라기보다는 체험 같고, 작품을 감상한다기보다 그의 뇌 속에 들어가 있는 것 같은 기분이었다. 작품을 보며 '이 작품이 의도한 것은 무엇일까?' 생각하는 동시에 '이 작품이 여기에 놓여있는 이유는 무얼까?' 더불어 고민하게 된다.

그러는 동안 나는 마치 그를 직접 만난 것 같은 착각이 들었다. 그와 마주보고 앉아 맥락 없지만 깊은 대화를 나누며, 그의 복잡한 머릿속을 들여다본 것 같았다. 사물에 대한 엉뚱하고 발랄한 시선을 마주하기도 하고, 한 사람

에 대한 맹목적 사랑도 눈치 챘다. 그리고 무덤 앞에서 짧은 묵념도 했다. 한 사람의 고통과 기쁨, 삶과 죽음을 짧은 시간 동안 받아들이다 보니 박물관 내부를 걷는 동안 여기저기 내 몸이 아픈 것 같은 기분마저 들었다. 그만큼 달리 박물관은 걸을수록 달리에게로 한 걸음 한 걸음 다가가도록 촘촘하게 설계된 공간이었다. 달리의 의도대로 나는 그에게 빠졌다.

박물관을 나오면서 계속 생각했다. 달리는 행복했을까. 한평생을 예술가로 살며, 끊임없이 활동하고 부를 누리며, 한 여인을 사랑했던 사람. 자신의 족적을 스스로 모아 박물관을 만들고 태어난 곳에서 세상을 떠난 사람. 달리는 그래서 행복했을까. 저만치 걷다 달리 박물관을 한번 뒤돌아 보다, 씨익 웃음이 났다. 행복했겠지. 태어나보니 살바도르 달리고, 살바도르 달리로 죽었으니. 틀림없이 행복했겠지.

미술관에 갔다
우리는 멈췄다

미술관 안에는 바깥과 다른 공기가 흐른다. 사람들은 미술관에서 선을 그리며 다니고, 어떤 작품 앞에서는 잠시 멈춰 선다. 멈췄던 자리에는 고요한 뒷모습이 남아 공기를 덥힌다. 어떤 종류의 고뇌, 어떤 종류의 머뭇거림, 어떤 종류의 뒷모습, 어쩌면 작품에도 선물이 될 풍경을 이야기한다.

에디터 **이현아** 글 **김미수, 김나연, 박준, 조안빈, 이와, 오혜진** 일러스트 **강민정**

01 'untitle'
02 아니쉬 카푸어Anish Kapoor
03 국제 갤러리KUKJE GALLERY, 서울

미수아바흐브 디자이너 **김미수**

유학생활을 마치고 서울에 돌아온 후 전시를 볼 기회도 의욕도 줄었다. 감동을 받는 일이 드물었던 때, 아니쉬 카푸어의 신작 전시를 보았다. 실버 컬러의
오브제들이 줄지어 설치된 모습에 새로운 감동이 일었다. 그녀의 작업이 갤러리의 분위기와 공기를 만들었다. 무엇인가에 집중하게 만드는 작업을 좋아한
다. 그전의 작업에 비해 규모는 작았지만 보고 있는 것만으로도 작품과 일치되는 경험이었다.

01 'Standing Julian', 2015

02 어서 피셔Urs Fischer

03 휘트니미술관Whitney Museum of American Art, 뉴욕

프리랜스 번역가 **김나연**

나는 추위를 많이 타서 피부가 새까맣게 탈 만큼 볕이 뜨거워야 기분이 좋아진다. 휘트니미술관에 간 날, 3일째 잠을 설치고 우울해서 뙤약볕에 정신을 소
독하는 마음으로 들어가자마자 발코니에 올라 미트패킹 디스트릭트를 구경했다. 한참 있다 내려와 전시장으로 향하는 통유리 문을 열었더니 이 조각이 서
있었다. 족히 2미터는 넘을 법한 중년 남성 조각상이었는데, 자세히 보니 머리가 반쯤 녹은 대형 초였다. 오른쪽 귓바퀴 옆으로 슬그머니 고개를 들고 일렁
이는 촛불이 보였다. 미술관 개장 시간에 심지에 불을 붙이고 폐장 시간에 불을 꺼, 전시가 열리는 동안 서서히 형태가 사라지는 작품이다. 피할 수 없는 삶
의 비영속성을 표현했다는데, 어차피 잠도 자지 못할 거 우리 집으로 데려가서 서로의 불타는 일생을 오롯이 지켜봐 주면 좋겠다 싶었다.

《여행자의 미술관》 저자 **박준**

분홍색 대지에 창백한 달이 떠있다. 보라색 산등성이를 지나자 라벤더 컬러의 하늘과 새하얀 눈밭이 펼쳐졌다. 노란 절벽 밑을 거닐다 문득 푸른색 구멍 (hole)과 마주쳤다. 조지아 오키프가 뉴멕시코 산타페에 살 때 그린 동물의 골반뼈 구멍이다. 찬찬히 살펴보니 구멍이 푸른 게 아니라 하얀 골반뼈 구멍 저편의 하늘이 푸르다. 눈물겨우리만치 푸르고 깊다. 뉴멕시코에, 산타페에 더욱 가고 싶어졌다. 그녀의 말대로 그곳의 햇살과 바람은 아주 특별하리라. 지난 가을, 런던의 하늘은 파란 물감처럼 한 점 티 없는데 나는 자꾸 푸른색 죽음이 떠올랐다.

화가 **조안빈**

이 그림을 보기 위해 부암동 오르막을 오르기도 여러 번, 전시에 이 그림이 없을 땐 아트숍 2층에 올라가 그림으로 둘러싸인 방에서 실크스크린으로 제작된 '달밤의 화실'을 가만히 바라보다 오기도 했다. 왜 좋으냐고 하면 처음 본 순간 마음을 끌었고 실은 '좋아서'라는 말밖엔 할 말이 없지만. 김환기가 50년대 파리 시절 그렸다는 '달밤의 화실' 속 푸른 달과 항아리, 그리고 이젤 위에 놓인 그림을 보면 나는 애틋해져 이내 푸른 달빛이 어린 화실 창밖의 그리운 하늘을 향해 하얀 입김을 내뿜는 타국의 화가가 되곤 한다. 환기의 푸른 달은 내 그리운 달과 닮았다.

01 'Normal life'
02 heesookim
03 이태원 어느 부동산 2층의 전시장, 서울

영상 감독 이와

유난히 추웠던 2016년 겨울. 평소 친하게 지내는 작가의 전시를 보러 갔다. 전시 장소 중 수많은 스케치를 모아놓은 방이 있었다. 그 공간이 주는 분위기에 압도당했다고 해야 할까. 그런 표현이 좋을 것 같다. 한 장의 그림이 아닌 수백, 수천 장의 스케치와 메모로 만들어진 방 안에서 한 장 한 장 천천히 때로는 깊숙이 그림을 바라보며 작가와 나는 서로 동질감을 느꼈다. 그곳의 모든 것들이 다 내 일상 같았다.

01 '책 읽는 여자'

02 함미나

03 달조각, 서울

에디터 **오혜진**

작은 카페였어요. 곳곳에 쌓인 재즈 음반과 책들 사이로 몸을 욱여넣고 커피를 홀짝이고 있었죠. 무대미술을 전공한 주인의 작업실이기도 한 공간에는 그림들이 주로 앉아 있거나 누워 있었는데, 그 모습이 좋았어요. 천천히 구경하다가 책을 읽는 여인에게 시선이 멈췄어요. 그림 속 그녀도 나처럼 시름을 잊기 위해 독서를 택한 것처럼 보였거든요. 가끔 힘들 때 '우리의 본질은 우리가 반복적으로 행하는 일'이라는 말에서 위안을 얻곤 했는데, 그림을 보며 생각했어요. 책을 읽고 그림을 그리고 커피를 내리는 매일의 습관처럼, 빈틈없이 몰두할 수 있는 일이 있음이 축복이라는 걸.

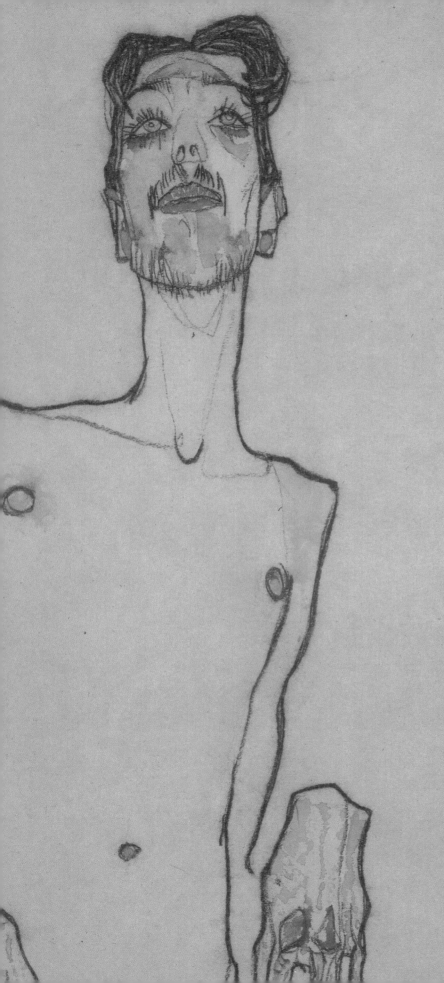

MIME VA
OSE

그림 없는
그림 에세이

책장 속 에곤 실레를 다시 꺼내다

책장 속에 에곤 실레가 있다. 우울한 감정이 그리울 때마다 가끔 꺼내어본다.
그는 텅 빈 눈과 붉은 얼굴을 동시에 그리는 사람이다. 자기과장과 연민에 가
득 찬 자화상을 보고 있으면 나 역시 한없이 깊은 곳을 찾게 된다. 그의 그림
을 보며 함께 흔들리고 침잠했던, 어느 붉은 날을 기억하려 이야기를 쓴다.

에디터 김건태 그림 에곤 실레

네 그루의 나무
1917

지진이었다. 흔들리는 침대 위에서 '아, 지진이 왔구나' 생각했다. 흔들림이 끝나길 기다린 다음 이불을 한쪽으로 치웠다. 침대 끝에 걸터앉아 손톱을 봤다. '언제 이렇게 자랐을까.' 아마 그렇게 중얼거렸던 거 같다. 그 무렵 나는 우울증을 앓았다. 의사의 판정을 받은 적은 없지만 틀림없었다. 쥐도 새도 모르게 잠들고, 지진으로 일어나 물을 마시고, 태풍으로 비가 들이친 거실에 등을 대고 누웠다. 쪼꼬는 그런 나를 보며 자주 짖었다. 배가 고파서 물을 마시는 것뿐인데 이런 태도라니. 어쩐지 억울해 나도 같이 짖었다. 어둠 속에서 우리는 서로를 노려보았다. 허공에 대고 쉿쉿, 바람 소리를 냈다. 그러면 개는 더 사나워졌다.

당시에 나는 소설을 전공했다. 얄팍한 재능을 믿고 퇴고도 없이 몇 개의 소설을 내보였다. 쓰레기 같은 글이었지만 나름 반응이 좋았다. 자만했고 자주 술을 마셨고 타인의 실수를 보며 즐거워했다. 어느 날은 함께 공부하던 누나가 술을 먹다 말고 다른 친구의 소설을 칭찬하기 시작했다. 몇몇 사람들이 그 말에 동의했다. 모래를 씹은 듯 입 안이 텁텁했다. "누나 넌 뭘 잘 몰라." 빈 소주잔을 팽개치며 그렇게 말했다. 사람들의 눈빛이 싸늘했다. "병신 같아." 그렇게 말하며 술집을 나왔다. 이상하게 자꾸 재채기가 터졌다. 마지막 말은 하지 말걸, 후회했지만 이미 늦은 일이었다.

그림 속 네 그루의 나무는 하나같이 올곧다. 가늘지만 단단하고 메말랐지만 규칙적이다. 그러나 바닥을 보면 생각이 달라진다. 검은 모래, 거친 입자로 일렁이는 능선. 무덤에 뿌리를 내린 나무는 어떤 숨을 쉴까. 그날 밤 나는 오래 전 헤어진 애인에게 문자를 보냈다. '아무래도 소설은 그만 쓰는 게 좋겠어.' 그러고는 지진이 오기 전까지 아주 깊은 잠을 잤다.

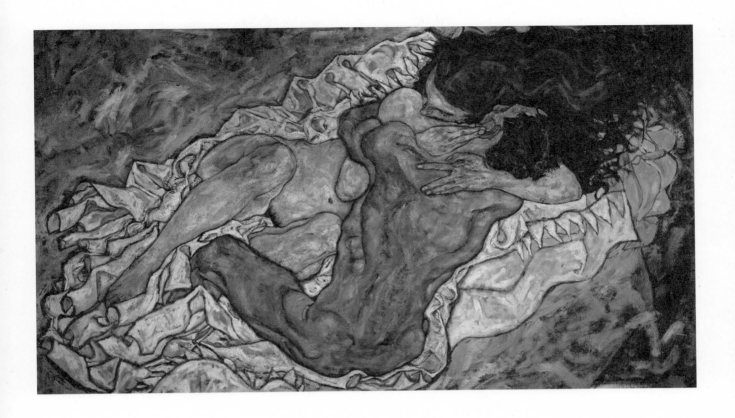

포옹
1917

시계를 보며 숫자를 거꾸로 셌다. 제목이 기억나지 않는 노래를 흥얼거렸고, 쓸모없어진 메모를 버렸다. 여름이 밝아서 자주 눈이 시렸다. 불을 끄고 하나둘 기억을 더듬었다. 어둠 속에는 상자도 있고 최승자 시집도 있고 쥐가 물어가라고 손톱 조각도 몇 개 보였다. 그러다 문득 집 안에 식물이 없다는 걸 깨닫고 나는 식물도 없는 멍청이구나, 그런 생각을 했다. 웃다가 울었다. 진짜로 운 건 아니고 누군가의 붉은 얼굴이 그리웠던 것 같다.

'포옹'에서 남자와 여자는 서로를 끌어안은 채 사랑을 속삭인다. 얼룩덜룩한 몸의 파동만으로도 그들이 얼마만큼 붉은 얼굴인지 짐작할 수 있다. 어쩌면 그들은 채 드러나지 않은 얼굴 안에서 울고 있지는 않았을까? 사랑 때문에 서로를 죽여도 좋다고 생각했는지도 모르겠다. 나 역시 그럴 때가 있었다. 사랑이라는 단어가 진짜 있다고 믿었던 날. 아무것도 생각하지 않고 오직 서로의 몸을 더듬는 것만으로 하루와 또 하루를 보냈던 붉은 얼굴의 시절 말이다.

지금은 아니다. 몸 바깥을 지운 사람처럼, 취했지만 아무도 그리워하지 않는 날이 더 많아졌다. 무덤덤이라는 말이 무덤의 파생어라면 아마도 나는 무덤과 더 큰 무덤으로 몸 밖을 포위당한 사람일 것이다. 몸 안쪽 침묵에도 아직 응답하지 못했는데, 몸 바깥 더 큰 적막 때문에 귀가 먹을 것 같다. 일기에 그렇게 썼다 지우길 반복했다.

이중 자화상
1915

내가 나를 보기 시작했던 건 아마도 그때부터였던 것 같다. 나는 책상에서 조금 떨어진 곳에 서서 편지를 쓰는 나의 정수리를 내려다봤다. 편지를 쓰던 나는 정수리를 내려다보는 내가 등 뒤에 있구나 생각하며 타자를 멈췄다. 우리는 대화를 나눈 적 없지만 서로를 의식하는 사이였다. 편지를 쓰는 나는 낮잠을 싫어하고 얌전하고 애인에게 시를 읽어주는 사람이었다. 정수리를 내려다보는 나는 그 모습이 얄미워 일부러 잠을 자고 책을 찢고 입으로는 바람소리를 냈다.

하나의 몸, 두 개의 눈빛. 에곤 실레의 '이중 자화상'에는 몸이 붙은 두 명의 인물이 나온다. 한 명은 불안한 눈동자를 이리저리 굴리고, 또 한 명은 그의 불안을 바깥에서 안으로 감싸 안는다. 닮은 듯 다른 둘의 가장 큰 차이는 눈이다. 아래쪽 이는 눈과 눈썹이 가까워 적의의 감정을 직선적으로 드러내지만 위쪽 사람은 눈을 최대한 크게 뜨는 것으로 자신의 순수를 증명하려 한다.

군대 시절, 헤어진 애인은 내게 에곤 실레의 전기를 보내며 '너와 닮아서 보낸다'라는 메모를 남겼다. 당시에는 그 말의 의미를 알지 못했는데 그로부터 한참이 지난 뒤, 그러니까 몸 안에 지진이 다녀간 이후로 나와 닮은 그림에 대해서 생각하게 됐다. 아마도 나는 무언가 감추려 연기하는 자신이 미웠던 것 같다. 분노를 삭히는 것, 아무렇지 않은 척 하는 것, 사랑하지 않으면서 사랑을 말하는 것. 모두 거짓이라고 믿었다. 다행히도 이제는 순수를 주장하는 얼굴과 적의를 드러내는 얼굴 중 무엇이 더 내게 가까운지 조금 알 것도 같다.

작은 나무
1912

'그리고 멀리 구름 떼가, 그 주름이 만들어 낸 멋진 눈으로 나를 지켜보고 있다.'

– 에곤 실레 《환상》 중에서

미술관은 살아있다

미술관을 말하는 네 가지 방식

'미술품을 진열·전시하는 박물관으로 미술박물관의 약칭. 회화·조각·공예품 등 문화유산을 수집하여 감상, 계몽, 연구를 위해 전시한다.' 미술관의 사전적 의미다. 그동안 미술관이라. 하면 무언가를 전시하는 곳, 그 자체로만 생각해왔다. 미술관을 다른 방식으로, 조금 더 활기차고 적극적이게 소화할 수 있지 않을까? 간단한 질문에서 해답을 찾기 시작했다.

에디터·포토그래퍼 **이자연**

윤동주문학관

시와 함께하는 곳
윤동주문학관

윤동주문학관은 2012년 7월에 개관했다. 전시장으로 발길을 내디딜 때 방문객을 가장 먼저 마주하는 것은 정지용 시인의 글귀다. '동冬 섣달에도 꽃과 같은, 어름 아래 다시 한 마리 잉어와 같은….'

가슴 속에 하나 둘 새겨지는 별을 / 이제 다 못 헤는 것은 / 쉬이 아침이 오는 까닭이요, / 내일 밤이 남은 까닭이요, / 아직 나의 청춘이 다하지 않은 까닭입니다. // 별 하나에 추억과 / 별 하나에 사랑과 / 별 하나에 쓸쓸함과 / 별 하나에 동경과 / 별 하나에 시와 / 별 하나에 어머니, 어머니,

– 윤동주, 〈별 헤는 밤〉 중에서

우리는 그를 가슴에 묻었다. 그의 삶은 처연했고, 처절했고, 구슬펐다는 것을 모르는 이는 없을 것이다. 그토록 거친 시대에 이토록 아름다운 언어를 적어 내려간 청년을 그리워하지 않을 수 없기 때문이다. 2010년, 종로구는 윤동주문학관을 세우려는 과정에서 부지와 예산이 확보되지 않아 난항을 겪었지만, 청운아파트가 철거된 이후 오랫동안 방치되었던 수도가압장

을 활용하기로 했다. 작고 낡았지만 하얀 건물 외벽이 반듯한 느낌을 주었다. 전시관 내부에는 윤동주가 살아온 자취를 따라 그의 사진, 육필 원고 그리고 시가 놓여있다. 우물목판에는 그의 시 〈자화상〉이 함께 자리하고 있다. 우물 안쪽을 들여다보며 자신과 대화하는 그의 모습을 상상해본다.

산모퉁이를 돌아 논가 외딴 우물을 홀로 찾아가선/ 가만히 들여다봅니다./ 우물 속에는 달이 밝고 구름이 흐르고 하늘이 펼치고/ 파아란 바람이 불고 가을이 있습니다./ 그리고 한 사나이가 있습니다./ 어쩐지 그 사나이가 미워져 돌아갑니다.

– 윤동주, 〈자화상〉 중에서

두 번째 전시실에는 하늘이 뻥 뚫려있어 낮엔 햇살이, 밤에는 별빛이 쉬어간다. 그야말로 그가 사랑했던 모든 것이 들렀다 가는 공간이다. 누군가를 기억하는 장소에서는 그와의 장면을 더듬는 것만으로도 우리는 그를 만날 수 있다.

A. 서울시 종로구 창의문로 119
O. 10:00~18:00, 월요일 휴관

역사와 함께하는 곳
남서울생활미술관

정식 명칭은 '서울시립미술관 남서울분관'. 본래 이곳은 벨기에 영사관으로 사용되었던 건물로 신고전주의 양식으로 지어졌다. 구한 말 열강의 틈바구니에서 자주적인 국가를 만들고 싶었던 고종황제는 중립국 노선을 택하고자 벨기에와 교류하게 된다. 벨기에가 조선처럼 강대국 사이에 끼어있는 '사마귀'만 한 나라인데, 당당하게 독립을 유지하고 있었기 때문이라고 한다 . 청국과 서양 외교 관리들은 특히나 벨기에가 그간 축적해온 외세 침탈 저지책과 중립외교책에 관심을 보였고, 벨기에가 수교 교섭을 제안했을 때, 곧바로 응할 수 있는 토대가 되었다.

한국은행과 서울역 등의 신고전주의 건축물은 식민지배라는 격동적인 근대사의 증거가 되는 중요한 유산이라는 이유로 국가사적으로 지정되었다.

하지만 구 벨기에영사관은 무관심 속에서 역사적 가치를 인정받지 못했고, 도심재개발사업으로 회현동에서 남현동으로 해체·이전되었다.

열강 세력과 잦은 외침에도 '중립국'으로 나아가고자 외교적 연대를 이루었던 의미는 잊혀지고 만 것이다. 실제로 《한성순보》 논설에서 '국외局外'라는 개념을 나라끼리 전쟁할 때 관계하지 않는 것으로 설정하기도 하였으며, 대대적으로 변화하는 국제 정세를 눈여겨보았다는 것을 알 수 있었다.

남서울생활미술관 건축에 담긴 역사적 의미를 돌아보면, 미술관이 되어 우리 곁에 남아있는 것에 오묘한 기분이 밀려들기도 한다. 미술관 내부의 전시가 이야기를 보여준다면, 남서울생활미술관에는 건물 자체에 자기만의 이야기를 감추고 있었다.

A. 서울시 관악구 남부순환로 2076
O. 평일 10:00~20:00, 주말 10:00~18:00, 월요일 휴관

건축과 함께하는 곳
뮤지엄 산

뮤지엄 산Museum SAN은 '도시의 번잡함으로부터 벗어난, 아름다운 산으로 둘러싸인 아늑함'이라는 자연적 인상을 통해 현재의 독특한 건축물이 설계되었다. '산상山上'이라는 고유의 지형과도 잘 어우러지며 절묘한 조화를 이루었다. 단순히 무언가를 전시하는 공간을 위해 하나의 건물을 짓기보다, 주변 환경과의 적합한 균형을 모색했다는 것을 느낄 수 있다. 붉은 패랭이 꽃, 하얀 자작나무길, 자갈길, 하늘까지 비추는 큰 연못과 사계절을 껴안은 높은 창문까지 뮤지엄 산에 있는 모두가 그렇다.

뮤지엄 산을 설계한 건축가 안도 다다오는 말했다. "이곳은 아주 보기 드문 땅이었기에 여기에 주위와는 동떨어진 별천지를 만들 수 있지 않을까 생각했습니다. 주입식 교육 속에서 활기를 잃은 아이들이 자연 속에서 큰 소리를 지르고 활기차게 뛰어다니며 '살아갈 힘(백 살까지 살아가기 위한 마음의 양분)'을 흡수할 수 있는 장소를 만들고 싶었기에 그저 조용한 상자 같은 미술관을 만들고 싶지는 않았습니다."

'제임스터렐'관은 그중에서도 많은 사랑을 받고 있다. 그는 사물을 인식하기 위한 도구이며 조연이었던 '빛'을 작업의 주연으로 끌어올렸다. 빛을 통해 명상과 사색의 시간을 누리고, 그것으로 우리의 내면까지 들여다보는 기회를 준다. 제임스터렐관은 오전 10시 30분부터 30분 단위로 입장할 수 있으며 28명의 인원 제한이 있다.

A. 강원도 원주시 지정면 오크밸리2길 260
O. 10:30~18:00, 월요일 휴관

예술가와 함께하는 곳
아르코미술관

종로구 동숭동에 위치한 아르코미술관은 오랜 빨간 벽돌의 외형에서부터 차분함을 그대로 느낄 수 있다. 본래 덕수병원이었던 건물을 미술회관이라는 이름으로 임차하여 개시하였고, 김수근 건축가에 의해 재건립되었다. 국내에 미술관이 부족하던 1980년대에 미술회관은 각종 미술단체나 개인전을 적극적으로 지원하기 위해서 공간을 활용했다. 후반부터는 회관 내에서 자체적으로 전시를 기획하기 시작했으며, 이런 활동을 통하여 1990년대 말에는 공공미술관으로서의 입지를 다졌다. 예술 계통에서 미술관의 역할과 책임을 돌아보고 전문성을 강화한 것이다.

아르코미술관은 한국의 동시대 작가를 소개하는 '대표작가전'과 '중진작가시리즈'를 비롯하여, 국내외 실험적인 예술작품의 관련 주제를 되새겨보는 '주제기획전'과 '국제교류전'을 다루고 있다. 지난 2016년부터는 독립 큐레이터를 지원하는 전시도 선보였다. 게다가 젊은 작가를 육성하기 위한 인사미술공간과 대중과의 소통을 위한 부대공간을 운영해왔다.

전시는 일종의 기록이다. 당대 어떤 흐름 위에서 예술가들이 세상을 바라보았는지, 어떤 표현 기법을 사용했는지 그리고 관객의 반응은 어떠했는지 등이 담겨있기 때문이다. 아마 아르코미술관은 작가들이 창작 활동을 하는 데 있어 현실적인 문제에 한계점을 두지 않고, 자유롭게 이어갈 수 있는 방향으로 새로운 기록을 만들고 있는지 모르겠다.

A. 서울시 종로구 동숭길 3 한국문화예술진흥원
O. 11:00~19:00, 월요일 휴관

열여섯 날 동안의
뮤지엄

호숫가에 생긴 길

뜨거운 햇살이 한없이 쏟아지던 지난 칠월의 첫날을 이탈리아 북부 롬바르디Lombardy 주에 위치한
술차노Sulzano 마을에서 맞았다. 크리스토와 잔 클로드Christo and Jeanne-Claude의 작품 플로팅
피어스The Floating Piers가 이세오 호수Lake Iseo 위에 설치되었다는 소식에 주저 없이 떠나온 터
였다. 그곳에서 우리는 예술 작품, 호수, 도시, 사람, 일상의 삶이 포개져 어우러진 풍경을 마주했다.

글·사진 **이진주**

호수 위에
펼쳐진 길

스위스의 예술가이자 평론가였던 레미 자우그Rémy Zaugg는 그의 저서 《Das Kunstmuseum, das ich mir erträume》에서 예술 작품은 고귀한 신전이나 평화로운 공원 같은, 특별한 장소에서가 아닌 일상 생활의 한가운데에서 찾을 수 있어야 한다고 말했다. 동네 빵집이나 정육점 등이 있을 법한 골목에 자리 잡을 때 사람들은 예술을 삶의 한 부분으로 받아들이고 접할 수 있기 때문이다. 22만 개의 고밀도 폴리에틸렌 정육면체를 물 위에 띄우고 그 위를 노란 천으로 덮는 크리스토와 잔 클로드의 플로팅 피어스도 비슷한 맥락으로 이해된다. 처음 아이디어를 구상했던 1970년부터 그들은 작품을 설치할 장소를 신중히 물색해왔

다. 긴 시간 동안 그들이 한결같이 염두에 둔 것은 바로 장소의 공공성에 대한 것이었다. 이는 플로팅 피어스가 개별적인 예술
인 아닌 모든 사람이 언제나 쉽게 찾아올 수 있는, 여느 도시의 거리의 한 부분으로 자연스럽게 녹아들길 바랐기 때문이다. 오
랜 준비 기간 끝에 마침내 2016년 6월에 이세오 호수 위에 노란빛 길이 열렸을 때 화려한 오프닝이나 입장권이 전혀 없었던 것
도 같은 이유에서였다.

익숙한
삶의 풍경

햇빛에 반사되어 바닷가의 모래알처럼 황금빛으로 반짝이는가 하면 물에 젖어 진한 오렌지 색을 발하기도 하는, 오묘하게 변하는 길이 드디어 바로 내 눈앞에서 시작되었다. 술차노Sulzano 마을과 산 파올로San Paolo 섬, 그리고 몬테 이솔라Monte Isola를 연결하는 이 길은 이미 많은 사람으로 메워져 있었다. 수많은 인파 속에서도 모두 저마다의 순간을 온전히 즐기고 있는 듯 보였다. 어떤 이는 강아지와 산책을 하고, 어떤 이는 길가에 앉아 책을 읽는가 하면, 또 어떤 이는 윗옷을 훌렁 벗고 드러누워 내리쬐는 햇볕을 만끽했다. 몇몇은 잰걸음으로 나아가며 카메라 셔터를 누르기 바쁘고, 물길이 신기하여 신이 난 아이들은 장난치다가도 안전보트나 보안 경찰이 길에 가까이 다가오면 어느새 그 주위로 하나둘 몰려들었다. 조금이나마 그늘이 지는 곳에는 인파와 더위에 지친 이들이 삼삼오오 모여 앉아 피자 조각을 씹으며 허기를 달래기도 했다. 사람들의 에너지가 플로팅 피어스에 생생함을 더하고 있었다. 정말 여느 도시 속 분주하고 활기찬 거리와 다를 바가 없었다. 좋아하는 거장의 작품과 사소하고도 익숙한 삶의 조합이 너무나도 자연스럽게 펼쳐지는 것을 바라보고 있자니 달뜬 기분이 들었다. 나도 기꺼이 신발과 양말을 벗고 맨발로 길을 걸었다. 잔잔한 호수의 물결과 길 표면의 물컹한 촉감, 햇빛에 뜨끈하게 데워진 길의 열기가 발바닥에 그대로 전달되었다. '고래의 등을 걷는 느낌'이라는 작가의 표현이 떠올랐다.

열여섯 날이
지나면

이세오 호수 위에 노란빛의 길이 처음 열린 것은 우리가 마을을 방문하기 15일 전이었다. 꼭 열여섯 날을 보내고 철거된다고 하였으니 우리가 그 갈무리를 함께 보낸 셈이다. 뜨거운 햇볕과 훅훅한 열기 사이로 뺨에 와 닿는 호수 바람, 길 너머로 보이는 진녹색 빛의 산과 마을의 구도심, 맑고 투명한 호수에서 평화로이 물장구질하는 오리 두 마리 같은 것들. 이 길 위에서 마주한 탐스러운 여름 풍경은 내일이 되면 흔적을 남기지 않고 사라질 것이다. 하지만 떠나는 발걸음이 아쉽지 않았다. 사람들과 함께 흠뻑 누렸던 그 길의 한 조각을 이미 나눠 가졌기에.

한적한 겨울 오후

미술관 옆 어느 곳

어릴 적에 영화 〈미술관 옆 동물원〉을 좋아했다. 정작 영화를 본 건, 어른이 되고도 긴 시간이 훌쩍 지난 뒤였지만 이유 없이 제목이 마음에 들었다. 미술관 곁의 동물원, 동물원을 끼고 있는 미술관이라니. 어감이나 단어가 주는 색깔이 심상치 않아서, 언젠가 미술관 옆에 있는 어딘가를 가리라 생각했다. 그리고 혼자인 내게 갑작스레 주어진 어느 오후, 그간 꽁꽁 미루어둔 숙제를 마침내 마쳤다.

에디터 **이자연** 포토그래퍼 **김연경**

카페 인 스페이스

A. 서울시 종로구 율곡로 83 T. 02 747 8102

으레 전시를 보고 나면 이유 모르게 하고 싶은 말이 묵직하게 솟아오른다. 입 밖으로 튀어나올 말들도 아니면서 자꾸만 목구멍을 간지럽히는 생각들. 그럴 때는 동요하는 마음을 조용히 잠재워 줄 카페인이 필요하다. 카페라 하면 역사적으로 사람들이 둘러 앉아 사회적·문화적 담론을 자유롭게 나누던 공간이었다. 각기 다른 의견을 하나둘 꺼내면서 사람들은 근황을 나누고 생각을 견주었다. 눈에 보이지 않는 생각들이 공중으로 떠오른다는 점에서 미술관과 카페가 딱히 동떨어진 성향의 공간은 아닐지도 모르겠다. '아라리오뮤지엄' 내에 위치한 '카페 인 스페이스'는 사실 흐르는 공간이라기보다는 멈춰있는 공간에 가깝다. 지나가다 잠시 들르거나 약속 시간보다 일찍 도착해서 한숨 돌리는 공간보다는, 전시회와 창덕궁 사이에서 목적 가진 방문객이 그곳으로 향하는 것이다.

널찍한 통유리로 둘러싸인 이곳은 사계절을 그대로 받아들이고 존중한다.

창밖으로 담쟁이는 빨간 벽돌 건물을 휘감으며 우리를 바라본다. 김수근 건축가의 공간사옥이었던 이곳은 그의 제자 장세양 건축가에 의해 재설계되었다. 창덕궁을 안마당처럼 여겼던 그를 생각하며 어느 공간에서도 창덕궁이 잘 보이도록 했다. 그래서 그런지 볕이며 빗줄기며, 땅거미 지는 하늘의 색감이 그대로 카페 안으로 녹아든다.

카페 인 스페이스는 건물 2층에 위치해 있으며 1층은 한옥 카페, 3층은 이탈리안 레스토랑, 4층은 일식집 그리고 5층에는 프렌치 레스토랑이 있다.

갖가지 일이 있었지만, 다시 이렇게 아름다운 것을 보고 있다. 살아 있는 한, 언젠가는 괴로운 일도 있으리라. 그래도 또 이렇게 아름다운 것들이 눈앞에 나타나준다. 반드시.

– 요시모토 바나나, 《무지개》 중에서

미술관 옆집

A. 서울시 종로구 자하문로4길 22   H. instagram.com/theneighborhood_daelimmuseum   T. 070 4400 0434

서촌이라면 바스락거리는 낙엽이 떠오른다. 걸어가다 밟았을 때 흔적도 없이 부숴지는 몹시 마른 낙엽. 계절과 별개로 이유 없이 내게 서촌의 꼬리표로 붙어있었다. '미술관 옆집'은 대림미술관 옆에 자리한 카페이자 콘셉트 스토어다. 대림미술관 전시를 관람하고 혼자만의 시간을 가지며 전시의 여운을 곱씹기 좋은 장소다. 철문을 열고 들어가면 오랜 세월을 보낸 나무가 자리를 지키고 있다. 삐거덕 소리 너머에 푸름. 미술관 옆집은 70년대 주택의 호젓한 분위기를 그대로 지키며 리모델링했다. 그래서 그런지 2층으로 올라가는 가을빛 계단이나, 저 멀리까지 바라볼 수 있는 커다란 창, 하늘을 담은 작은 못, 그리고 식물의 자리까지도 그 집을 꼿꼿이 지켜온 것만 같다. 생각해보면 미술관 옆집이라는 이름은 아주 단순하게 지어진 듯하다. 대림

미술관 옆에 있는 집이니 말이다. 위치와 거리를 재는 의미에서 옆집이라면, 미술관에서 차마 다 끝맺음하지 못한 생각의 집일지도 모르겠다. 미술관과 옆집은 그런 방식으로 이어져 있다.

어느 날의 오후가 갑작스레 주어졌다면 겨울의 적요함을 마음껏 누릴 수 있는 곳을 찾는 게 마땅한 것 같다. 말이 없는 날이라면 더욱 서촌에 찾아간다. 그곳엔 자신에게 물음을 주는 집 한 채가 있다.

우리는 시시하고 즐거운 일들을 하기로 했다. 그것들을 계획하면서 너무 신났다.

– 황인찬, 〈채널링〉 중에서

소소한 풍경

A. 서울시 종로구 자하문로40길 75 T. 02 395 5035

혼자 있는 날이면 밥 먹는 일을 곤혹스러워 하는 이들이 있다. 끼니를 거르거나 들고 다니며 허기만 진정시킬 정도의 간식만 챙겨 먹기도 한단다. 하지만 혼자 있다는 것은 다른 사람을 신경 쓰지 않아도 된다는 것을 의미한다. 그래서 아주 천천히 시간을 보내도 채근하는 목소리를 듣지 않아도 된다는 일종의 희소식인 셈이다.

부암동에는 환기미술관이 있다. 부암동 특유의 분위기를 누리며 언덕배기를 오르면 숨이 턱 끝까지 찰 즈음에 미술관이 얼굴을 내민다. 그리고 그 뒷길로 조금만 더 올라가면 전원주택처럼 보이는 식당이 하나 나타난다. '소소한 풍경'이다.

계단을 올라가면 오밀조밀한 마당이 나오는데, 잔디밭 주변으로 이름도 어려운 식물들이 모여있다. 화분 하나하나마다 깨끗하게 신경 쓴 손들이 스쳐 지나간다. 소소한 풍경은 한정식을 즐길 수 있는 식당이다. 코스별로 소풍 샐러드, 훈제한방오리구이, 카프레제, 건두부쌈 등 다양한 메뉴들이 나오고 단품으로는 얼큰한 가지찜이 가장 인기가 많다. 원목 테이블에 자리를 잡으니 따뜻한 무 차가 나온다. 노란 조명과 키가 높은 천장, 유리병과 작은 인형들. 어떤 영화에서 본 적 있는 작은 별장 같은 느낌도 든다. 정갈한 밥상과 함께 눈앞으로 차오르는 시선은 부암동의 여느 소소한 풍경이 된다.

오늘도 우리는 같은 장소에서 전혀 다른 풍경을 보고 있다. 생각해 보면 다른 풍경이기에 멋진 것이다. 사람이 사람을 만났을 때, 서로가 지니고 있는 다른 풍경에 끌리는 것이다. 그때까지 혼자서 쌓아 올린 풍경에.

– 에쿠니 가오리, 《당신의 주말은 몇 개입니까》 중에서

남산야외식물원

A. 서울시 용산구 소월로 323   **O.** 매일 00:00~24:00

혼자인 시간을 보낼 수 있는 많은 방법들 중에 걷는 일이란 가장 적극적인 물리적 실천일 것이다. 풍경을 바라보는 것만이 아니라, 그 안으로 뛰어드는 것. 한정된 영역을 넘어서 더 많은 것들과 호흡을 하는 것. 그리고 무엇보다 나의 신체를 직접 이용하는 일이기 때문이다.

한남동에 위치한 '삼성미술관 리움'에서는 젊은 감각을 중시하고 세상을 다각적으로 다채롭게 접근하는 전시를 관람할 수 있다. 상상력과 오감을 자극하는 전시를 보고 나면 이제는 조금 더 적극적으로 오후를 느낄 차례다. 발걸음을 숲으로 이동시키는 것. '남산야외식물원'은 차도를 조금만 따라가면 발길 드문 산책로를 발견할 수 있다. 바로 그곳에서 길이 시작된다. 사계절 푸른 소나무와 이제는 져버린 개나리와 갈대. 얼굴을 쨍하게 시리도록 만드는 겨울 공기와 달리 풍경은 괜스레 따뜻해 보인다. 어떤 일들에 긍정성과 부정성을 굳이 부여해본다면, 걷는 일은 필히 긍정적인 일일 것

이다. 어떤 다큐멘터리에서 그랬다. 걷는 것만으로 삶의 결이 달라질 수 있고, 사고의 관점이 바뀌고, 궁극적으로는 사람의 성격까지 바뀔 수 있다고. 아마 걷는 그 자체보다 걸으며 천천히 생각할 수 있는 시간이 중요한 열쇠였을 것이다.

겨울 밖으로 나가 식물은 어떻게 거친 계절을 보내고 있을지, 겨울 볕은 이토록 모순적으로 따스운지 경험할 시간이다. 서둘러 나가야 한다. 우리의 오후가 금방 저물고 만다.

저녁노을에는 어마어마한 힘이 있다. 오늘이 한 번밖에 없다는 것을 침묵 속에서 깨우쳐 준다.

–요시모토 바나나, 《바다의 뚜껑》 중에서

굳이 사진을 보러
뮤지엄에 가야 할까

인터넷에 작가 이름을 검색하면 수많은 사진을 볼 수 있다. 사진에 대한 정보도 확인할 수 있고, 저장도 가능하다. 집에서도 얼마든지 좋아하는 사진을 탐닉할 수 있는데, 굳이 뮤지엄에 가야 하는 이유는 뭘까.

글·사진 박선아

마라톤 선수가
속도를 조절하듯

거대한 뮤지엄에 가면 주저앉고 싶을 때가 있다. 몇 시간쯤 서서 관람하다 보면 발바닥이 뜨겁고 무릎이 저리다. 그런 상태를 꾹 참았다가 다음 날 앓아누운 적도 있고, 중간에 포기하고 돌아 나온 적도 있다. 이런 일을 몇 번 반복하니 뮤지엄 관람에도 노하우가 생겼다. 우선, 가장 편안한 신발을 신고 짐은 최소화한다. 모든 작품을 오래 감상하려 하지 않고, 마음에 드는 작품 앞에서만 시간을 보낸다. 보고 싶었던 작품이 있다면 그것부터 본다. 물병을 챙겨가 틈틈이 물을 마시고 의자가 보이면 수시로 앉는다. 마라톤 선수가 자신의 속도를 조절하듯, 뮤지엄에서 지치지 않기 위해 나름의 규칙을 만든 것이다. 10여 년 전, 처음으로 커다란 뮤지엄에 갔을 때는 그러지 못했다.

처음으로 가본 큰 규모의 뮤지엄은 모마MoMA라는 애칭으로 불리는 뉴욕현대미술관The Museum of Modern Art이었다. 한겨울이었고 긴 줄을 몇 시간쯤 기다려서 겨우 들어갈 수 있었다. 추운 거리에서 오래 기다린 덕에 입구에 들어섰을 때부터 지쳐있었지만, 태어나서 처음으로 와보는 외국의 미술관이었다. 기운을 차려 입구서부터 한 작품, 한 작품 정성 들여 봤다. 몇 시간이 지나자 발바닥과 무릎이 아파지기 시작했다. 무릎을 두드리며 겨우겨우 걸음을 옮기는데 한쪽 구석에 어떤 공간이 보였다. 검은 커튼으로 입구가 막힌 상영실이었다. 어두운 곳이면 앉아 쉴 수 있을 것 같아 그곳으로 들어갔다. 뒤쪽 벽 아래에 아무렇게나 주저앉았다. 신발을 벗고 발바닥을 조물조물 만졌다. 한참 그렇게 발바닥만 들여다보고 있다가 고개를 들었는데 스크린에 익숙한 사진이 보였다. 발을 주무르던 손을 멈추고 자세를 고쳐 앉았다. 스크린엔 낸 골딘*의 사진이 흐르고 있었다.

---

*낸 골딘Nan Goldin

미국의 다큐멘터리 사진가. 1980년대 미국의 언더 문화를 잘 담아낸 작가로 평가받곤 한다. 낸 골딘의 사진에 등장하는 사람들은 '게이, 레즈비언, 에이즈 환자, 약물 중독자'라 불리는 이들이다. 하지만 그녀는 그저 자신의 친구들을 찍었다고 말한다. 친구들의 희로애락을 가장 가까운 곳에서 담아냈고, 어두운 곳에서도 빛을 잃지 않았던 친구들의 모습은 낸 골딘의 사진에서 확인할 수 있다.

작품이 모니터 밖을
벗어나야 하는 이유

낸 골딘은 뉴욕에 갔던 해에 좋아하게 된 사진작가였다. 봄, 여름, 가을 동안 낸 골딘에 푹 빠져 지냈다. 도서관에서 사진집을 빌려봤고, 몇 사진은 스캔해서 갖고 있었다. 컴퓨터 바탕화면에 'nan goldin'이라는 폴더를 만들고 그 안에 스캔한 사진과 인터넷에서 찾은 사진들을 넣어뒀다. 영화나 책을 보는 것처럼 낸 골딘의 사진이 보고 싶은 날엔 좋아하는 음악을 틀고 그녀의 사진을 한 장씩 살펴보곤 했다. 낸 골딘이 미국에서 활동한다는 것은 알았지만, 뉴욕에 온다고 그녀의 사진전을 볼 수 있을 줄은 몰랐다. 봄, 여름, 가을에 마음을 온통 사로잡았던 작가의 사진을 겨울에 낯선 도시에서 만나게 되다니. 뒤쪽에선 딸깍거리며 필름 넘어가는 소리가 났고, 더는 발바닥이 아픈 것도 신경 쓰이지 않았다. 멍하게 앉아 몇 시간이고 낸 골딘의 사진을 봤다.

창피하게도 당시엔 저작권에 대한 의식이 거의 없었다. 책을 스캔하거나 인터넷에서 사진을 내려받는 일이 잘못된 것임을 모르고 있었다. 혼자 방에서 봤었기에 그래선 안 된다고 알려줄 사람도 없었다. 그런데 뮤지엄에서 스크린에 띄워진 사진을 볼 때, 알았다. 그간 해온 행동들이 좋아하는 사진과 작가에게 무례한 행동이었다는 걸. 누가 말해준 게 아니어도 자연스레 알 수 있었다. 모니터와 방을 벗어나 뮤지엄에 와서 돈을 내고 작품을 보는 일이 얼마나 아름답고 중요한 일인지를.

그때 뮤지엄에
가지 않았더라면

몇 시간 동안 낸 골딘의 사진을 보고 나자, 더는 모마에 남은 작품을 보지 않아도 될 것 같았다. 그대로 걸음을 돌려 뮤지엄을 나섰고, 나오는 길에 아트숍에 들러 낸 골딘의 사진집을 찾아봤다. 한국에서도 찾아본 적이 있었지만, 비싼 가격 때문에 늘 도서관에서 찾아보는 일을 택했었다. 모마에서는 무엇에 홀렸는지 사진집을 덜컥 사버렸다. 여행 경비를 아끼겠다고 만날 핫도그만 먹었으면서 핫도그를 30개쯤 사 먹을 수 있는 돈으로 사진집을 산 것이다. 사진집이 든 비닐봉지를 끌어안고 숙소로 돌아왔다. 신이 나서 펼쳤는데 영어를 못하는 나는 읽을 수가 없었다. 함께 여행하는 친구가 해석을 해줬지만 영 시원치 않았다. '혼자 힘으로도 좋아하는 작가에 대한 이야기와 그가 쓴 글을 읽고 싶다.'

여행을 마치고 돌아오자마자 영어공부를 시작했다. 고등학생 때는 그렇게 하기 싫던 영어공부였는데 이상하게 마음이 움직였다. 영어공부를 해서 사진집도 읽고, 미국으로 교환학생을 가겠다며 학교도 휴학했다. 일 년 내내 영어공부를 했다. 그걸로 안 되니까 한 번 더 휴학하고 아일랜드라는 나라에도 다녀왔다. 뉴욕에서 산 한 권의 사진집을 제대로 읽을 수 있을 때까지 얼추 2년이 걸렸다. 아마, 그때 뮤지엄에 가지 않았더라면 여전히 영어와는 친해지지 못했을 거다.

어디에서
보느냐에 따라

지난여름에는 암스테르담의 사진 갤러리인 체오 베를린C/O Berlin에 갔다. 한 주제 아래 여러 사진가의 사진을 모아 보여주는 전시가 열리고 있었다. 어느 사진이 마음에 들어 작가 이름을 확인하려는데 액자 주변에 '작가 이름'과 '작품명'이 보이지 않았다. 이리저리 기웃거리다가 바닥에서 겨우 찾을 수 있었다. 간혹 전시를 보다 보면 이름이 궁금하지 않아도 자연스레 제목과 이름이 먼저 보이기도 한다. 별로라고 생각했던 작품도 작가가 유명하면 다시 한번 보며 '흠, 역시 그렇군.'이란 생각을 한 적도 있다. 이 전시의 큐레이터가 무슨 이유로 네임카드를 바닥에 붙였는지 모르겠지만, 덕분에 마음에 든 사진의 이름만을 기억할 수 있었다. 오래 보게 된 사진 앞에선 고개를 꺾고 무릎을 접어 정성껏 이름을 확인해야 했다.

뮤지엄에는 큐레이터가 있다. 그들은 보이지 않는 곳에서 많은 일을 한다. 뮤지엄의 안에서 일어나는 대부분의 일에 큐레이터의 손길이 닿는다. 어떤 작품을 전시할지 고민하는 것부터 시작해서 동선, 내부의 조명 등을 세세하게 신경 쓴다. 저마다 차이가 있긴 하겠지만, 뮤지엄은 작품을 가장 좋은 환경에서 볼 수 있도록 최적화된 공간이다. 영화관이나 연극 무대도 마찬가지다. 어디에서든 새로운 창작물을 발견할 순 있지만, 그곳이 어디냐에 따라 많은 게 달라질 수 있다. 뮤지엄에는 작품을 '돌보는' 사람들이 있고 그런 것들은 자연스럽게 보는 이를 돕고 있다.

뮤지엄의 일부를 소장하는 일

뮤지엄 숍에서 고른 물건들

뮤지엄은 거대하다. 물리적으로 작은 공간이라도 그렇다. 뮤지엄은
하나의 세계이기 때문이다. 작가들이 만든 세계 앞에서 한참을 서있
다 빈손으로 문을 나서면 가끔은 헛헛한 기분이 들기도 한다. 그럴
때면 나가기 전 뮤지엄 숍에 들른다. 작품을 담은 엽서나 가방, 책
을 들고나오면 어쩐지 주머니 안에 뮤지엄의 일부를 가진 듯하다.

에디터 **이현아**　포토그래퍼 **안가람**

01

02

03

04

05

06

07

08

01
몬드리안 카드 홀더 | 루치카 | 10만 5천원 | 국립현대미술관
국립현대미술관에서는 자체 제작한 상품뿐만 아니라 현대미술에 영감을
받은 다양한 제품을 함께 소개한다. 루치카LUCCICA의 카드 홀더는 몬드
리안Piet Mondrian의 작품에서 받은 영감을 지갑이라는 입체적인 형태로
재현했다. 지갑을 열 때와 닫을 때 대비되는 색감이 경쾌하다. 모노그래
밍 서비스를 이용하면 이니셜이나 문구를 새길 수 있다.

02
특별한 양장수첩-나전 | 1만원 | 국립중앙박물관 뮤지엄샵
나전칠기는 옻칠한 용기 위해 자개를 박아 넣어 장식하는 전통 기법이다.
조개 껍질을 오려내고 반복해서 옻칠해야 하는 까다로운 작업답게 결과
물이 곱다. 수첩 안의 실 책갈피는 붉은 실에 전통 문양 고리를 달아 마무
리했다. 내지는 줄 노트이며 안쪽에 나전칠기에 대한 설명이 한글과 영문
으로 표기되어 있어 선물용으로도 제격이다.

03
**김환기 에세이 《어디서 무엇이 되어 다시 만나랴》, 김향안 에세이 《월하
(月下)의 마음》** | 각 1만 8천원 | 환기미술관
작가의 작품이 그를 직관적으로 느낄 수 있는 것이라면 글은 조금 더 사
적인 통로다. 김향안의 산문, 일기, 한 시대를 풍미한 예술가와 주변의 사
진, 김환기의 글과 드로잉이 담긴 에세이에서는 작품 세계뿐 아니라 삶
의 모습까지 엿볼 수 있다. 두 사람의 개성 있고 진솔한 어투가 책장을 천
천히 넘기게 만든다.

04
자수 자석 세트 | 1만 2천원 | 국립중앙박물관 뮤지엄샵
얼핏 보면 단추나 브로치처럼 보이는 자석이다. 무궁화, 새 등의 문양을
전통적인 특징을 살린 색으로 수놓았다. 메모지를 붙이거나 작은 물건
을 고정할 때 사용하면 예스럽고 단아한 분위기를 낼 수 있다. 금색 상
자, 은색 상자 두 가지 타입으로 나뉘며 한 상자에 자석 네 개가 담겨있다.

05
닉 나이트 캔들(레드그린) | 1만 9천원 | 대림미술관
대림미술관은 일상 속에서 예술을 즐길 수 있도록 제안하는 곳답게 전시
마다 작가와의 다양한 협업을 시도한다. 〈닉 나이트 사진전 – 거침없이,
아름답게〉에서는 일반적인 아름다움에 대한 통념을 깨는 작품을 선보인
다. 닉 나이트의 오묘한 색이 담긴 캔들은 전시의 감동을 오래도록 켜둘
수 있도록 돕는다.

06
주름 복주머니 | 마켓303 | 3만 3천원 | 국립고궁박물관
마켓303은 전통문화의 아름다움과 유용함을 알리고자 노력하는 브랜드
다. 전통 복주머니를 휴대성을 높인 가방으로 풀어냈다. 가벼운 산책길
에 함께하거나 파우치로 사용하기 좋은 크기다. 은은한 색감과 고급스러
운 주름 소재로 물세탁이 가능하지만 형태를 보존하려면 세탁이나 다림
질은 자제하는 것이 좋다.

07
칼더 쟁반 | 3만 7천원 | 삼성미술관 리움
움직이는 조각, 모빌의 창시자로 알려진 알렉산더 칼더Alexander Calder
의 '무제 | Untitled 1932'를 담은 쟁반이다. 미술과 공학이 조화를 이
루어 탄생한 모빌과 스태빌을 가만히 보고 있으면 명상에 잠기게 된다.
그 아름다움을 고스란히 담아낸 쟁반은 오브제로도 충분한 가치가 있다.

08
벽걸이 달력 | 달바람 | 1만 8천원 | 국립고궁박물관
디자인스튜디오 달바람은 한국적인 디자인에 대한 고민이 담긴 고운 물
건을 만든다. 시간이나 날짜에 대한 생각은 종종 사람을 조급하게 만들지
만, 달바람은 달력 위에 느리고 여유로운 자연 속의 소박한 삶을 담아냈
다. 달이 지나면 그림을 액자에 넣어 보관하기도 좋다.

© 국립중앙박물관

국립중앙박물관 뮤지엄샵

'뮤지엄샵'은 국립중앙박물관 내부에 오프라인 매장이 있으며 온라인으로
도 상품을 구매할 수 있다. 한국 전통이라는 이름을 걸고 모든 제품을 국내
에서 생산한다. 다양한 제품군과 세련된 디자인으로 윤동주의 '별 헤는 밤
유리컵'이나 조지운 화백의 채색화 '유하묘도' 속 고양이를 모티브로 한 '오
묘한 녀석들' 시리즈 상품은 이미 입소문이 자자하다.

A. 서울시 용산구 서빙고로 137 국립중앙박물관
H. museumshop.or.kr
T. 02 2077 9769

© 한국관광공사

국립고궁박물관 고궁뜨락

경복궁 안에 자리한 국립고궁박물관은 조선 왕실과 관련된 유물을 수집, 보
존, 연구, 전시하는 박물관이다. 그 안에 자리한 아트숍은 박물관이 소장한
유물만큼 풍성하다. 전통미를 현대적인 감각으로 풀어내 오랜 시간 머물게
되는 곳이다.

A. 서울시 종로구 효자로 12 국립고궁박물관
T. 02 720 0381

Family Lifestyle magazine

매거진 위는 어라운드에서 만드는 가족잡지입니다.
사물이나 현상을 바라보는 따뜻한 시선은 매거진 위에서도 이어집니다.

SEE YOU IN FEBRUARY 2017

자유로움을 짓는 일

클럽 디자이너 조시 헬드

어두컴컴한 방 안에 번쩍이는 조명. 시끄러운 음악 소리에 북적이는 사람들. 클럽이라 하면 언제나 익숙한 듯 어색한 어수선함이 있었다. 마음껏 자유로워지겠노라 선언하는 이들 사이로 화려함을 디자인하는 사람들이 있다. 사람들의 자유분방함을 수놓은, 조시 헬드다.

에디터 **이자연** 포토그래퍼 **김길수**

밤을 채우는
생각

파라다이스 시티(이하 PCITY)는 한국 최초의 복합 리조트라고 들었어요. 그 중에서 3층 규모의 클럽 내부 인테리어 디자인을 도맡으셨다고요?
조시 헬드 아시아에서 클럽을 디자인한 건 PCITY가 첫 작품이었어요. PCITY 클럽의 이름인 '크로마이트Chromite'에서 영감을 받았죠. 크로마이트는 반짝이는 광물을 뜻하는 'Chrome'과 사람을 뜻하는 'Mite'의 결합어로, '반짝이는 사람들의 반짝이는 공간'이라는 의미를 덧붙였어요. 아무래도 이름 자체가 자연적인 요소와 연결되어 있기도 하고요.

아시아의 첫 번째 클럽 디자인이라고 하셨는데, 한국 특유의 문화, 기온 차, 습도 등 환경적인 차이에서 어려움은 없었나요?
칼리타 알렉산더 디자인에 사용된 소재 자체에는 큰 차이가 없었지만 아무래도 문화적 차이를 감안해야 했죠. 예를 들어, 라스베이거스에 있는 클럽이 대중에게 환영받는 요소가 한국의 정서에는 맞지 않을 수도 있다는 점이에요. 그 차이를 조사하고 고려하는 과정이 개인적으로도 흥미로웠어요.

뉴욕, 라스베이거스 등에서 유명한 클럽과 호텔 디자인도 진행하셨어요. 한국 클럽만의 특징으로는 무엇이 있을까요?
조시 헬드 크게 두 가지가 있는데 하나는 파우더룸이에요. 한국에는 일반적으로 파우더룸이 여자 화장실 바로 옆에 있더라고요. 남자 화장실에도 위스키를 만들어주는 공간 같은 파우더룸이 필요하다고 생각해요. 그리고 VIP룸이 특히 차별화된 문화도 인상적이에요. 가라오케의 현대화된 버전인 나이트클럽은 열려있는 공간인 데 비해, 한국은 상대적으로 사적인 공간으로 이루어져 있다는 점이 달라 보였어요.
칼리타 알렉산더 제가 좋아했던 것은 사람들이 가지고 있는 에너지였어요. 뉴욕의 사람들도 굉장히 에너지가 넘치지만, 한국 사람들이 가지고 있는 에너지와는 비교도 안 되는 것 같아요. 제가 느낀 뉴욕의 클럽 문화는 친구끼리 가서 그들만의 시간을 보내는 사적인 시간이라면, 한국의 클럽 문화는 좀 더 개방적이고 그 순간을 즐기는 것 같다고 느꼈어요.

일반 건축 디자인과 클럽 디자인의 차이점에는 무엇이 있을까요?
조시 헬드 우선 공간의 활용에서부터 실질적인 차이점을 말할 수 있을 것 같아요. 공간이 어떻게 활용되고 나뉘어지는지, 스태프와 게스트가 어느 경로를 통해 어떤 방식으로 이동하는지를 고려해야 하죠. 예를 들어, 호텔에서 담당자가 고객을 대하는 것과, 클럽 매니저가 게스트를 대하는 것이 다르거든요. 물론 둘 다 중요하지만, 두 종류가 각기 다른 환대 방식을 띄고 있기 때문이죠.
칼리타 알렉산더 공간 활용에 있어 내포하는 분위기 역시 중요하기 때문에 그 부분도 신중히 고려해야 해요.

PCITY의 디자인 콘셉트를 한 단어로 표현한다면 어떤 단어를 꼽을 수 있을까요?
조시 헬드 한마디로 '변화하는 것Transformative'이라고 말하고 싶어요.

특별히 강조하고 싶었던 디자인 부분이 있었나요?
조시 헬드 나이트클럽의 경우, 실내가 어둡기 때문에 하나의 검은 박스라고 느끼고 단정하기가 쉬워요. 자칫하다가는 지루해질 수 있는 이런 경험이 좀 더 궁금증을 유발할 수 있도록 가구나 벽에 특이한 장식을 더했어요.
칼리타 알렉산더 또 사람들의 인스타그램 순간을 위해 셀카를 찍을 수 있는 특별한 공간도 마련해두었어요(웃음).

방문객이 가장 즐길 수 있는 요소는 무엇이 있나요?
조시 헬드 이 클럽은 규모가 어마어마해요. 다섯 개의 분리된 공간이 하나의 공간인 것처럼 운영되기 때문에 각 층마다 사람들이 접할 수 있는 경험이 다르죠. 1층 라운지와 스포츠 바, 2층 디스코 클럽, EDM 클럽, 3층 VIP존(턴테이블 바, SKY BOX), 4층 루프탑&풀 클럽까지. 모두를 위한 클럽이기 때문에 누구나 즐길 수 있는 곳이 될 것이라 생각해요. 금요일 늦은 저녁때만 가야 하는 클럽이 아닌, 수요일 오후 5시에 갈 수 있는 새로운 경험이 될 거예요.

PCITY 역시 역사성과 작가의 직관이 쌓여있기 때문에 이 자체를 하나의 미술관이라고 생각할 수도 있을 것 같아요.
조시 헬드 미술관의 특징 중 하나는 방문객이 관람해야 할 순서에 따라 전시품이 나열되어있다는 점이에요. 이 클럽 역시 여러 가지 요소를 특정한 의도대로 배열해서 방문객이 충분히 경험할 수 있도록 설계했어요.

나이트클럽은 사람들의 일상에 어떤 활력과 즐거움을 줄 수 있다고 생각하나요?
조시 헬드 가장 먼저 스트레스를 풀 수 있고 에너지를 방출하는 것이죠. 의식적으로 인지하는 경험은 아니지만 클럽을 나설 때 가지고 떠날 수 있는 무의식적인 경험들 역시 즐거움의 한 종류가 된다고 생각해요.

PCITY는 공항과 거리가 굉장히 가까워요. 이러한 이점을 활용한 부분도 있나요?.
조시 헬드 외관상 프로젝트에 영향을 준 부분은 없지만 디자인의 방향성에는 영향을 주었죠. 한국인이 주로 찾는 클럽과 다양한 국적의 방문객이 찾는 클럽은 각자의 경험과 분위기가 다르니까요.

앞으로 어떤 디자이너로서 활동하고 싶은가요?
조시 헬드 우선 이 클럽이 완성되는 것에 많은 기대를 품고 있어요. 이 경험이 디자인에 대한 우리의 가치관을 알릴 수 있는 계기가 되었으면 좋겠어요. 사실 우리가 이 일을 하는 이유는 크게 두 가지예요. 하나는 우리가 설계한 곳에 들어섰을 때 즐기고 있는 사람들을 보는 것이 즐겁기 때문이고, 또 다른 한 가지는 우리가 설계를 올바른 방향으로 했을 때, 성공적으로 운영되는 사업체를 보면 행복해지거든요. 앞으로 세계 각지에 있는 고객을 많이 만나서 다양한 작업을 하고 싶어요.

Potato

감자

감자는 어떻게 요리해도 맛있다. 감자튀김, 감자전, 감자수프, 감자샐러드. 이렇게 수많은 방법으로 즐길 수 있는 감자는
무려 4세기 무렵부터 재배된 것으로 추정된다. 국내에 유입된 것은 17세기 후반인데, 비교적 짧은 역사임에도 불구하
고 감자는 우리 식문화에서 빼놓을 수 없는 주재료가 되었다. 우리나라에서 주로 보이는 감자는 이름하여 수미감자다.

글 샘표 에디터 정혜미 포토그래퍼 윤동길

감자에 대한
몇 가지 상식

보통 재료를 빨리 익히려면 잘게 썰어 조리해야 한다고 생각하기 쉽다. 감자는 다르다. 감자에 들어있는 칼슘과 팩틴 성분 때문에 얇게 썬 것일수록 조리 시간이 길어지고 아삭한 식감이 살아난다. 반면에 감자를 큼지막하게 썰면 조리 시간도 짧아지고 부드러워진다. 감자를 갈아야 하는 경우에는 나무나 플라스틱 강판을 사용하면 좋다. 스테인리스 강판으로 갈 때보다 거친 형태로 갈아지고, 요리하면 더 부드러운 식감을 유지할 수 있다. 감자를 맛있게 먹는 방법은 수없이 많지만, 뭐니뭐니해도 감자는 갓 삶아 뜨거울 때 입으로 호호 불어가며 먹어야 제맛이다. 하지만 요즘처럼 추운 날에는 난로 같던 감자도 상온에 내놓으면 금세 식어버린다. 이럴 땐 레몬즙이나 식초를 감자에 뿌려 먹으면 식어버린 감자도 방금 찐 것처럼 고소하고 부드러운 맛이 되살아난다. 그리고 바로 쪄낸 감자를 냉동 보관한 후 그때그때 필요한 양만큼 꺼내어 해동하면 보들보들한 식감을 유지할 수 있다. 또 감자는 80퍼센트의 수분과 18퍼센트의 전분으로 구성되어 있다. 이 전분 성분은 많은 요리에 상당한 영향력을 발휘한다. 전이나 부침, 튀김 종류에 감자 전분을 활용하면 다른 전분을 사용했을 때보다 바삭거리고 고소함이 오랫동안 유지된다.

감자 하나로도 고소한
감자 퐁듀

재료 감자 3개, 연두순 4½숟가락, 소금 ¼숟가락, 물 3컵

레시피 1. 나박썰기로 감자를 썬다.

2. 냄비에 준비된 모든 재료를 넣고 끓인다.

3. 감자가 다 익으면 물을 반 정도 버린다.

4. 끓인 재료를 믹서 등에 넣어 갈면 완성.

TIP 브로콜리, 방울토마토, 가지 등을 구워 함께 내면 건강한 퐁듀 요리를 즐길 수 있다.

얇게 썰수록 아삭한
감자채 샐러드

재료 감자 ½개, 연두순 1숟가락, 깻잎 2장, 마늘 1개, 포도씨유 1½숟가락

레시피 1. 감자는 채를 썬 뒤 찬물에 헹군다.

2. 끓는 물에 감자채를 넣고 젓가락으로 휘저은 뒤 건져내 찬물에 식힌다.

3. 으깬 마늘에 포도씨유를 넣고 전자레인지에 1분간 돌려 마늘 기름을 만든다.

4. 모든 재료를 한데 넣고 버무린 후 접시에 담아낸다.

TIP 소면이나 볶은 고기를 넣으면 한끼 식사로도 제격이다.

우리 맛 연구 중심, 샘표와 함께합니다.
연두는 콩을 발효한 100퍼센트 순식물성 요리에센스입니다. 맛과 색이 강하지 않아 재료의 참맛을 살려주는 연두로 쉽게, 맛있게, 건강하게 요리를 즐겨보세요.

Walk Together, Walk Alone

함께 걷는 길, 혼자 걷는 길

한때 나는 여행은 혼자 해야 제맛이라고 생각했다. 분명 인생의 어느 순간에는 혼자서 길을 떠나 볼 필요도 있다. 하지만 이제는 싫다. 혼자 하는 여행은 맥 빠지고 지치고 쓸쓸한 일의 연속이다. 이제는 마음이 잘 맞는 동행과 수다를 떨고 함께 감탄하고 함께 화를 내고 함께 당황하고 함께 즐 거워하는 그런 여행이 좋다. 그런데 내가 그런 사람이 되었다는 사실이 때로 두려울 때가 있다.

글 한수희   일러스트 이영채

영국 배우 스티브 쿠건과 롭 브라이든은 친구다. 중년의 두 남자는 함께 이탈리아로 여행을 떠난다. 〈옵저버〉지에서 그들에게 6일 동안 영국 시인 바이런과 셸리가 여행했던 오래 전의 코스대로 이탈리아를 여행하고 여섯 군데의 레스토랑에서 식사하는 내용의 기사를 청탁했기 때문이다. 마이클 윈터바텀의 영화 〈트립 투 이탈리아〉의 줄거리다.

조건은 심플하다. 이탈리아에서의 여섯 끼. 비용은 모두 회사에서 부담하고, 어디에 가서 뭘 하든 자유. 오픈카를 몰고 구불구불한 언덕길과 아름다운 해안도로를 달리면서 이탈리아산 와인을 마시고 끝내주는 파스타를 먹고 요트를 탄다. 한껏 게으름을 피우며 시시껄렁한 잡담을 한다. 내 인생에도 이런 행운이 찾아와준다면 좋겠다. 굳이 이탈리아일 필요도 없이 강원도나 전라도라도 감사할 것 같은데, 나는 그렇게 운이 좋은 사람이 아니다. 인생에 한 번쯤은 내 돈 들이지 않는 여행을 해보는 것도 근사한 일이다. 사람의 마음이라는 것은 간사해서, 내 돈이 들어가지 않으면 모든 것을 낭비해도 좋을 것처럼 여겨진다. 돈뿐만 아니라 이 시간과 이 기회마저도. 주머니 사정에 연연하며 매일 밤 가계부를 쓰고, 일정에 쫓기고, 조금이라도 긴장의 끈을 놓을라치면 '얼마나 힘들게 떠난 여행인데!' 같은 내면의 목소리가 철퇴처럼 내리치는 가난한 여행에서는 느낄 수 없는 여유로운 기분이다. 생각해보면 지금껏 나는 내 돈 한 푼 안 들인 여행을 세 번쯤 해보았다.(사실 나는 운이 좋은 사람이었다.) 세 번 모두 일과 관련된 여행이었고 혼자는 아니었다. 이게 나에게 주어진 단 한 번뿐인 기회라고 생각하면 그런 식으로 낭비할 수는 없었을 텐데, 나는 파리에서 에펠탑 근처도 가보지 않았다. 루브르도, 노트르담도 그냥 지나쳤다. 내가 한 일은 그저 숙소의 공짜 조식을 뿌리치고 동네 빵집과 카페에서 에스프레소와 크루아상을 먹은 것, 아무 술집에나 들어가 술을 마시며 노닥거린 것, 파리의 거리에 담배꽁초를 흩뿌리고 온 것뿐이었다. 뉴욕의 타임스퀘어에서 하룻밤을 체류할 때는 초

밥을 먹고 옷 가게에서 쇼핑이나 하며 보냈다. 도미니카공화국의 리조트에서는 거의 며칠을 침대에 누워 빈둥대기만 했다. 런던의 테이트 모던 미술관에서는 전시는 보지 않고 잔디밭 위에 누워 낮잠을 자고 맥주를 마셨다. 홋카이도의 눈 내리는 밤에는 친구들과 숙소에서 인간 탑 쌓기 놀이나 하면서 사진을 찍었다.

그때 내게 가장 짜릿했던 건 이 모든 것이 '타의'라는 점이었다. 나는 자의가 아니라 타의에 의해서 이곳에 왔다. 그러므로 정해진 일정만 완수하면 선택해야 할 것, 책임져야 할 것, 해야 할 것이 아무것도 없었다. 어느 순간부터 내 인생에서는 타의라는 부분이 조금씩 줄어들고 있다. 지금 내가 수습해야 하는 일들은 모두 내가 벌인 일들이다. 어느 누구도 내게 이러라고 등 떠밀지 않았다. 모든 게 내 '자의'였다. 그래서 가끔씩 내가 모든 것을 결정하지 않아도 될 때면, 내 선택이 불러올 결과들을 예상하며 머리를 쥐어짜야 되지 않아도 될 때면, 마음이 너무 편해진다. 하라는 대로 하고 시키는 대로 움직이고 싶다.

아무튼 같은 이유 때문인지, 나보다 가진 게 많아서인지, 스티브와 롭은 이 시간을 뽑아 쓰는 휴지처럼 마구 낭비한다. 이 영화를 보고 나서 떠오르는 것은 이탈리아의 아름다운 시골길에 오버랩되는 두 아저씨의 성대모사뿐이다. 두 사람은 쉴 새 없이 성대모사 퍼레이드를 펼친다. 멋진 레스토랑의 환상적인 요리 앞에서도 누가 흉내를 잘 내나 뽐내기에 여념이 없다. 마이클 케인부터 휴 그랜트, 알 파치노, 클린트 이스트우드, 앤서니 홉킨스까지. 가끔은 도가 지나쳐 주접으로 보이기도 한다. 두 아저씨가 주접 떠는 걸 언제까지 봐주고 있어야 하나 한숨이 나올 때도 있다. 그런데 이 아저씨들은 왜 이렇게 주접을 떠는 거지?

주접을 떨다가 아주 가끔 그들은 바이런과 셸리의 시와 인생에 대해 이야기하고, 또 그들의 본심을 이야기한다. 어린아이를 키우느라 바쁜 롭의 아내

는 남편의 전화를 귀찮아한다. 롭은 곧 미국 영화에 출연하느라 영국을 떠나 있어야 한다. 그리고 이 여행 도중에 영국 여자와 충동적인 하룻밤을 보냈고, 그 사실에 죄책감을 느낀다. 오래전 이혼한 스티브는 사춘기에 접어든 아들과 점점 멀어지고 있다고 느낀다. 여행 도중에도 아들과 계속해서 통화를 시도하던 그는 결국 아들을 이탈리아로 불러오고, 아들과 더 많은 시간을 함께 보내고 싶어 곧 아들 집 근처로 이사할 거라고 말한다.

많은 영화에 출연하고 많은 쇼를 진행하며 안정적인 연예인의 삶을 살아가는 그들은 실은, 이보다 더 대단한 사람이 되고 싶었던 건지도 모른다. 하지만 지금 와서 그럴 기회가 올 가능성은 희박할 것이다. 박수받는 것이 욕먹는 것보다 더 지겹기도 하다. 어쩌면 그들은 남들을 속이고 있을지도 모른다고, 그들 자신이 아무것도 아니며 그들이 이룬 것들 역시 다 사기일지도 모른다는 불안감을 느끼는지도 모른다.

이 중년 남자들은 자신들에게 시간이 그리 많지 않다는 사실도 조금씩 깨닫고 있다. 화산 폭발로 그대로 화석이 되어버린 폼페이 유적지의 시체 앞에서 그들은 젊은이들과는 조금 다른 종류의 비애를 느낀다. 요즘은 어딜 가도 여자들이 눈길조차 주지 않는다. 그들은 권태의 언저리에 있으며, 그것은 아주 오래 산 남자라면 누구나 겪는 단계다. 어쩌면 그들은 지금껏 이룬 모든 것을 잃게 될지도 모른다. 그들 자신은 아무것도 아닌 존재일지도 모르고 얼마 후면 정말로 아무것도 아닌 존재가 될 것이다. 아니, 그들 존재 자체가 사라질 것이다.

그런 본능적이고 근원적인 불안감을 어떻게 해소하겠는가. 농담과 주접 말고는. 그것 말고 이 거대한 무의미를 견딜 방법이 딱히 뭐가 있겠는가. 이 나이 들어 진지해지는 건, 눈물이라도 질질 짜는 건 꼴사나우니까 그저 우스갯소리에 실어 보내는 것인지도 모른다.

그런데 주접은 혼자서는 떨 수가 없다. 내 주접에 맞장구를 쳐줄, 혹은 도전장을 내밀어줄 동행이 필요하다. 혼자 침대 앞 벽이나 테이블 너머의 텅 빈 의자를 바라보며 주접을 떠는 것은 정신건강에 심각한 문제가 생겼다는 신호니까. 그래서인지 나이가 들수록 나는 혼자서는 여행을 못 하는 사람이 돼버렸고 혼자서는 못 사는 사람이 돼버렸다. 내 주접을 받아줄 사람이 없는 시간을 내가 견딜 수 있을까. 어쩌면 나는 점점 나약한 인간이 되어가고 있는 건지도 모른다. 모든 것이 나를 떠나가고 혼자가 될 순간이 두렵다. 나는 혼자 여행하는 법을, 혼자 사는 법을, 혼자 걷는 법을 잊었다.

미아 한센 러브의 〈다가오는 것들〉은 내게 2016년의 최고의 영화였다. 나는 원래 예술영화를 즐겨 보는 사람도 아니었고 연극영화과에 입학한 이유도 〈빽투더퓨처〉 같은 영화를 만들고 싶어서였는데 어쩌다 이렇게 된 거지? 이것도 나이가 들었기 때문일까. 이야기의 주인공은 나탈리라는 중년의 여성이다. 그녀는 고등학교에서 철학교사로 일한다. 그녀에게는 같은 직

업을 가진 남편이 있고, 이제 성인이 된 두 자녀가 있다. 좋아하는 철학책들을 책장 가득 꽂아둔 아늑하고 아름다운 아파트도 있고, 휴가철이면 놀러 가는 해변의 별장도 있다. 그녀는 학생들을 가르치고 책을 읽고 쓰며 늙어가는 삶을 사랑한다.

하지만 그런 인생에도 고통은 있다. 정서불안에 시달리는 나탈리의 노모는 하나밖에 없는 딸에게 심하게 의존한다. 새벽에도 죽을 것 같다는 어머니의 전화를 받고 깨어나서는 결국 잠을 이루지 못하는 나탈리는 어둠 속에서 가족들을 깨울까 불도 켜지 못하고 더듬거리며 아침을 먹고는 출근한다. 평생 자신만 사랑할 줄 알았던 남편은 어느 날 사랑하는 여자가 생겼다고 고백하더니 집을 나가버린다. 더 이상 감당할 수가 없어 요양원에 모신 어머니는 곧 돌아가시고 장례식을 치른 나탈리는 버스에 앉아 펑펑 운다. 그러다가 창 너머로 젊은 여자와 손을 잡고 걷고 있는 남편의 모습을 발견한 그녀는 어이가 없어 웃음을 터뜨리는 것이다.

어쩌면 상실은 자유의 이면일 수도 있다. 나탈리는 남편도 잃고 엄마도 잃었다. 아이들은 품을 떠났다. 이제 그녀는 혼자다. 슬프고 황망하고 허탈한 일이지만, 동시에 나탈리는 단 한 순간도 멍하니 앉아 있을 틈 없이 종종걸음 치며 지키려 노력했던 그 모든 것들에서 벗어나 진정한 자유를 되찾은 것인지도 모른다.

"이런 생각을 해. 애들은 독립했고 남편도, 엄마도 떠났어. 나는 자유를 되찾은 거야. 한 번도 겪지 못했던 온전한 자유. 놀라운 일이야. 이건 낙원이잖아!"

나탈리는 자신의 수업 덕분에 철학자의 길을 걷게 되었다는 제자 파비엥이 산골의 허름한 시골집에 꾸린 작은 공동체에 초대받는다. 여기에는 파비엥과 함께 책을 쓰며 살아가는 독일인 친구들이 있다. 세상은 점점 나빠지고 우리에게는 혁명이 필요하다는 이 젊은이들 앞에서 나탈리는 쓴웃음을 짓는다. 그녀는 급진적이기에는 너무 나이를 먹었다. 그녀도 한때는 공산당 유인물을 뿌리던 열혈 학생이었지만 그녀가 하루하루 감당해야 할 것은 결국 그녀의 생활뿐이다. 혁명과는 아무 관계도 없는 그녀의 평범한 생활에 일어나는 크고 작은 일들을 감당하기에도 벅차다.

"남편하고 이혼할 거야. 25년을 함께했는데 새 애인을 만났대. 실은 나도 각오하고 있었어. 괜찮아. 잘 받아들이고 있어. 지적으로 충만하게 살잖아. 그거면 족히 행복해."

앞으로 그녀는 이 삶을 혼자서 걷게 될 것이다. 사실 누구의 삶이건 혼자서 걷는 길이다. 그것을 모르거나, 또는 잊어버릴 때 우리는 함께 걷고 있던

(혹은 그랬으리라 착각했던) 이를 원망하거나 그에게 배신감을 느낀다. 그러나 또 우리는 완전히 혼자는 아니다. 크리스마스 저녁, 방에서는 나탈리가 손자를 안고 다정히 노래를 불러주고 그녀의 아이들은 식탁에 앉아 이야기를 나누는 아파트의 따뜻한 풍경이 오랫동안 보이는 영화의 마지막 장면에서 우리는 혼자가 아님을, 이 삶이 무채색이 아님을, 아무 의미 없는 것이 아님을, 우리가 어떤 태도를 취하느냐에 따라 충분히 따뜻해질 수 있다는 것을 깨닫게 된다. 그것은 나탈리가 자신의 삶에 다가오는 것들에서 피하거나 달아나려 하지 않은 덕분에, 모든 것을 담담히 받아들인 덕분에 가능했던 일이다.

혼자 떠나는 여행이 잘 상상이 되지 않을 때면, 나는 24살의 어느 순간을 떠올린다. 그때 나는 인도에서 한 달간 함께하던 동행을 집으로 보내고 혼자가 되어 한 달간의 남은 여정을 시작하려는 참이었다. 나를 태운 기차는 남인도의 끝에서 동인도를 향해 달리고 있었다. 울적하고 쓸쓸하고 두려웠다. 도시를 떠난 기차가 시골로 접어들었다. 창밖으로 붉고 너른 땅과 그 위로 점점이 늘어선 푸른 나무들이 보였다. 해야 할 일도 없고 이야기를 나눌 상대도 없었다. 창밖을 계속 쳐다보고 있으려니 풍경이 낯설고도 편안하게 느껴져서 나 자신이 조금씩 그 풍경 속으로 스며드는 것만 같았다. 그

순간 뭔지 모르게 가슴이 벅차올랐다. 슬프고도 행복한, 이상한 느낌이었다. 나는 익숙한 모든 것들로부터 멀리 떨어져 완벽하게 혼자였지만, 반대로 나 자신에게는 더 가까워진 느낌이었다. 영원히 혼자라도 괜찮을 것 같은, 어쩌면 영원히 혼자일 것을 알아차린 느낌이었다. 그게 우리 모두의 운명임을 비로소 받아들인 사람이 느낄 만한 홀가분한 감정이었다. 버스 안에서 울다가 웃었던 나탈리가 느낀 것도 바로 그런 것이었는지도 모르겠다.

사방을 둘러봐도 보이는 건 암흑뿐이다.
자연은 내게 회의와 불안의 씨만 제공한다.
내가 놓여있는 상태에서 내가 뭔지,
뭘 해야 하는지도 모르는 나는
나의 신분도 의무도 모른다.
내 마음은 진정한 선을…
그것을 따르기를 온전히 바란다.
영원을 위해서라면 어떤 것도 비싸지 않다.

– 블레즈 파스칼, 《팡세》, 〈다가오는 것들〉 나탈리의 대사 중에서

트립 투 이탈리아 The Trip to Italy
마이클 윈터바텀 | 드라마 | 영국 | 108분

스티브 쿠건과 롭 브라이든은 한 매거진의 제안으로 6일간의 만찬을 위해 이탈리아 여행을 함께 떠나게 된다. 피에몬테에서 로마, 카프리까지. 여행길을 지나며 그들이 지금까지 지나쳐버린 순간과 날들을 되돌아보는 이야기는 더욱 선명하게 다가온다.

다가오는 것들 Things to Come
미아 한센 러브 | 드라마 | 프랑스 | 102분

나탈리는 두 아이를 키우고 남편을 지지하는 평범한 여자다. 파리의 고등학교에서 철학을 가르치며 평범하지만 안정적이고 평화로운 삶을 살고 있다. 그러던 어느 날 남편의 갑작스러운 고백과 함께 생활에 작은 균열이 나기 시작한다. 그녀에게 다가오는 것들, 그것은 무엇일까.

The Light of Youth

청춘의 빛

다치바나 다카시는 청춘을 보통 30대까지로 정의했다. 그의 정의에 따르면 나는 이제 청춘의 끝자락
에 서있다. 한국 나이로는 이제 마흔인데, 아마 공자나 다치바나 다카시는 만으로 나이를 셌을 테니
까 이제 나는 서른아홉인 것이다. 내가 방황할 수 있는 시간도 이제 겨우 1년 남았다. 시한부 인생을
선고받은 기분이다. 청춘의 끝자락에 서서 나는 종종 청춘을 말하는 다치바나 다카시의 책들을 읽는
다. 자기계발서도, 성공처세서도 아니지만 읽고 나면 안심이 되고 희망이 부풀어 오르는 이 책들을.

글 **한수희** 사진 **이자연**

일본의 저널리스트 다치바나 다카시를 알게 된 것은 예전 직장의 상사 덕분이었다. 그는 내가 기자로 있던 잡지의 편집장이었는데, 20대 중반의 철딱서니 없던 나에게는 엄청 늙고 고리타분한 아저씨처럼 보였다(그런데 지금 생각해보면 그때 그는 지금의 내 나이 즈음이었다. 세상에, 20대들에게 지금의 내가 어떻게 보일지 이제야 알겠다. 충격이다.). 어느 날 그가 지금은 소설가가 된 내 앞자리의 선배와 다치바나 다카시의 이야기를 나누고 있었다. 그 이야기를 훔쳐들은 나는 다치바나 다카시의 책을 꼭 읽어봐야겠다고 다짐했다.

다치바나 다카시는 '지知의 거장'이라는 거창한 별칭까지 얻은 일본의 저널리스트로, 여러 권의 훌륭한 르포르타주를 썼다. 그의 관심사는 무척 다양해서 전 일본 수상의 범법 행위, 공산당, 암, 우주, 임사 체험, 뇌까지, 그야말로 한계 없이 다양한 주제를 연구하고 취재했다. 나의 직장 상사가 다치바나 다카시에게서 높이 사는 부분은 그의 철저한 조사 방식이었다. 그는 어떤 주제, 어떤 인물이건 취재 일정이 잡히면 그에 해당되는 모든 책과 자료를 샅샅이 훑어 거의 전문가에 가까운 완벽한 자세로 무장한다. 그렇게 그가 사들인 엄청난 양의 책 무게를 아파트 바닥이 지탱하지 못하자 건물 하나를 사들여 아예 개인 도서관을 만들기도 했다.

《스무 살, 젊은이에게 고함》은 70대가 된 다치바나 다카시가 모교인 도쿄대에서 20대 초반의 학생들과 꾸린 '다치바나 다카시 세미나'라는 모임을 통해 기획하고 만든 책이다. 대학생들이 각 분야의 명사를 찾아가 '스무 살'이라는 주제로 인터뷰를 하고, 거기에 다치바나 다카시의 스무 살에 대한 강의, 그리고 대학생들이 직접 쓴 스무 살에 대한 글을 더해 총 세 개의 장으로 엮었다. 인터뷰의 주인공들은 배우 릴리 프랭키부터 디자이너 하라 켄야, 소설가 히라노 케이치로, 사상가 우치다 타츠루와 카피라이터 이토이 시게사토까지 바다 건너에서도 유명한 이들이다. 세상에는 남이 하는 이야기를 듣기 싫어하는 사람들도 있겠지만 나는 인터뷰 읽는 것을 좋아하는 사람인지라 무척 즐겁게 읽었다.

반대로 《청춘표류》는 다치바나 다카시가 직접 만난 무명의 직업인들의 이야기다. 칠기 장인, 나이프 제작자, 원숭이 조련사, 정육 기술자, 사진작가, 자전거 프레임 빌더, 매사냥꾼, 소믈리에, 요리사, 염직가, 레코딩 엔지니어인 그들은 평범한 사람들의 세계에서는 이름조차 생소하지만 '그쪽' 세계에서는 꽤 인정받는 이들이다. 그럼에도 그들의 인생은 완성형이 아니다. 그들 중 대부분은 여전히 불안해하고 자신의 인생에 확신을 갖지 못하며, 적은 수입으로 근근이 살아간다. 그럼에도 그들은 다치바나 다카시의 표현에 따르면 '스스로 대담한 선택을 하고 이제까지 살아온 사람들'이다. 다치바나 다카시는 그들에게서 깨달은 자의 말이 아니라, 망설임과 방황에 대해서 들으려 한다. 세상의 상식에서 한 발자국도 벗어나지 않고 무덤까지 일직선 코스를 향해 달리는 인생이 아니라, 망설이고 방황하는 인생에 대해서, 청춘이라는 것에 대해서 들으려고 한다.

어떤 사람들은 인생론이란 카페나 술집 의자에 앉아 이야기하는 것이라고 한다. 내 인생과는 관계가 없는 이야기라고 생각하는 사람도 있다. 그렇지만 진정한 인생론은 말보다는 실천에서 그 진가를 발휘한다. 인생을 이야기할 때, 어떤 이론을 내세우지 않더라도 그대로 하나의 인생론이 되어버리는 그런 인생, 그런 인생을 목표로 하는 사람들을 만났다.

― 다치바나 다카시, 《청춘표류》 중에서

자기계발이나 성공처세의 가장 큰 맹점은 어려운 것을 쉽게 전달하려 한다는 점이다. 사실 자기 자신을 바꾼다는 것은 세상에서 가장 어렵고 힘든 작업이다. 내 경우엔 체중을 줄이기 위해 당장 한 끼만 굶으려 해도 살기가 싫어지고 세상과 운명을 원망하게 된다. 최선을 다한다는 것이 그렇게 쉬운 일이었다면 세상 사람의 대부분이 최선을 다하며 살 수 있었겠지, 흥! 최선을 다해도 애초에 방향을 잘못 잡았다면 성공의 길은 요원해지는데, 방향을 제대로 잡는 것이야말로 진정 어려운 일이다. 여기에는 노력에 더해 직관과 경험과 통찰, 그리고 운이 필요하기 때문이다.

그리하여 자기계발이나 성공처세를 비웃고는 있지만, 그럼에도 나는 늘 지금보다 나은 내가 되고 싶은 사람이다. 이 나이쯤이면 죽을 때까지 모든 것이 세팅되어 있다면 좋으련만, 불혹不惑의 나이에는 정말로 불안과 의심이 없어진다면 좋으련만, 지금껏 잘못 살아온 탓인지 아직도 어떻게 살아야 할지 잘 모를 것 같을 때가 있다. 그럴 때마다 나는 책장에서 다치바나 다카시의 《스무 살, 젊은이에게 고함》과 《청춘표류》를 빼내어 읽는다. 스무 살도 아니지만, 청춘도 아니지만 말이다.

더 가난했으면 좋겠어요. 토마토를 물도 주지 않고 바싹 메마른 곳에 심으면 열매가 잔뜩 열리죠. 이처럼 인간도 척박한 환경에 놓였을 때 본래의 자질을 꽃 피우잖아요. 모두들 선천적으로 매우 풍부한 자원을 갖고 태어났지만 여유로운 환경 탓에 잘 발현되지 않고 있어요. 가난해지면 반드시 부족한 부분을 채우기 위해 잠재된 능력을 발휘하게 될 거예요. (중략) 자신이 하고 싶은 것은 따로 있는데 그보다 득이 될 만한 것을 해두려는 생각은 옳지 못해요. 하고 싶지 않은 것을 억지로 참고 했는데 그걸 죽을 때까지 사용하지 못한다면 정말 쓸모없잖아요. '하고·싶은 것'이라면 사용도 못하고 아무 도움도 되지 않아도 "재미있었어!" 정도는 말할 수 있지 않을까요?

— 우치다 타츠루, 〈스무 살 젊은이에게 고함〉 중에서

〈청춘표류〉에서 다치바나 다카시가 만난 나이프 제작자 후루카와 시로는 제자가 되겠다며 찾아온 젊은이들에게 칼을 갈아보라고 시킨 후 이렇게 말했다고 한다.

"스스로 몇 년 노력해서 칼을 곧게 갈 수 있으면 그때 다시 찾아오라고 하죠. 그러면 모두 싫은 내색을 하더군요. 요새는 다 기계로 갈면 되는데 그렇게까지 할 필요가 있느냐고요. 그게 그렇지 않아요. 금속공예에서는 칼을 가는 것이 모든 테크닉의 기초예요. 정말로 칼을 잘 갈 수 있으면 뭐든 다 할 수 있다고 보시면 돼요. 진정한 평면을 만들어낼 수 있으면 그만큼의 기술이 생기고 동시에 진정한 평면을 알아보는 눈도 가질 수 있거든요. 바로 그 점이 중요해요. 솜씨가 좋아지면 보는 눈도 좋아진다는 것. 솜씨가 미숙할 때는 더 이상의 평면이 없다고 생각하지만, 솜씨가 점점 좋아지면 더 완전한 평면이 있다는 사실을 알 수 있어요. 솜씨가 좋아질수록 스스로의 솜씨를 엄격하게 바라볼 수가 있고 미크론 단위로 사물이 보여요. 그 점이 중요해요."

— 다치바나 다카시, 〈청춘표류〉 중에서

그러고 보면 《청춘표류》 속의 청춘들은 우치다 타츠루가 했던 말처럼 사는 사람들이다. 무언가를 증명하거나 어딘가에 도달하기 위해서 사는 사람들이 아니라, 어쩌다 보니 그 일을 하게 되었는데 하다 보니 그 일을 좋아하게 되고 좋아하다 보니 더 잘하게 되고 싶어진 사람들이다. 그런 그들의 인생이 마냥 편안하고 행복하게 보이지는 않는다. 아니, 오히려 돈도 못 벌면서 왜 저렇게 고생을 사서 하나 싶다. 그럼에도 그들은 그렇게밖에 살 수 없어서 그렇게 사는, 자기 자신에게 정직한 사람들이다. 그런 그들의 청춘은 《스무 살, 젊은이에게 고함》 속 성공한 나이 든 이들이 스무 살에게 건네는 조언과도 맞아떨어진다.

젊은이들에게 하고 싶은 말은 평범하게 제대로 살았으면 좋겠다는 거예요. 철학서를 읽지 않아도, 하루하루 삶 속에서 경험하는 것을 정직하게 받아들이고 성실하게 살아가면 그게 바로 철학이에요. 병에 걸려도, 다쳐서 장애를 얻어도, 부모님께서 돌아가셔도, 자식에게 배신을 당해도, 부부 사이가 나빠져도, 그런 상황을 정면으로 받아들이고, 어떻게 즐겁게 살지를 생각하다 보면 어느 날 문득 난해한 철학서가 술술 이해되기 시작할 거예요. 잘 풀리지 않는 일을 꾹 참고 어떻게든 살아보려 하면 매우 활용도가 높은 도구가 손에 들어와요. 모든 것이 다 갖춰진 상태에서 살아가는 사람은 아무리 노력해도 성장하지 않아요. 여러 가지 안 좋은 상황 속에서 그걸 어떻게 기분 좋게 극복할 것인지를 궁리하는 동안 사람은 성장하게 돼요.

— 우치다 타츠루, 〈스무 살 젊은이에게 고함〉 중에서

이 책들은 당장 어떻게 해야 성공하거나 성공적인 인생을 살 수 있을지를 알려주지는 않는다. 바로 그 이유 때문에 나는 이 책들이 마음에 든다. 이 책들은 그저 후회 없이 살기 위해서는 무엇이 필요한지 이미 내가 알고 있는 것들을 다시금 되새기게 해주는데, 바로 그것이 이 순간 나에게 필요한

것이다. 그저 무엇이 중요하고 무엇이 중요하지 않은지를 분별하는 것, 불필요한 것들에 현혹되지 않고 내가 바라고 꿈꾸던 길을 향해 차분히 걸어가는 것, 그럴 수 있는 용기를 내는 것, 바로 그런 것들을 나는 이 책들을 읽으면서 되찾는 것이다.

이 글의 초반에 썼던 나의 직장 상사는 내게 엄청나게 많은 영향을 끼쳤는데, 아마 그 상사는 그 사실을 잘 모를 것이다. 나는 그에게서 권위적이지 않은 권위라는 것은 어떤 것인지, 말과 행동이 일치한다는 것은 어떤 것인지, 과시적이지 않은 정의로움은 또 어떤 것이고, 가벼우면서도 무겁고 무거우면서도 가벼운 것은 어떤 것인지에 대해 배웠다. 그렇다고 내가 지금 그런 사람이 되었다는 뜻이 아니라 평생 그런 사람이 되기 위해 노력하며 살고 있다는 뜻이다. 그건 그가 말로 가르쳐준 것이 아니었다. 그는 그런 것을 가르치려는 사람이 아니었다. 그건 그와 함께 몇 년을 지내다 보면 자연스럽게, 저절로 배울 수 있는 것들이었다. 생각해보면 내가 청춘의 한가운데에서 그를 만날 수 있었던 것은 엄청난 행운이었다. 지휘자이며 리코더를 고안한 사람이기도 한 무라카타 치유키는 이렇게 조언했다.

요즘에는 돌아서 가지 않으려는 경향이 있죠. 모두들 "이렇게 하지 않으면 안 될 거 같아"라며 두려워해요. 실패하거나 기존의 시스템에서 벗어나는 것을 지나치게 두려워한 나머지 너무 안전한 것만 지향하는 거죠. 하지만 그런 시대는 머지않아 끝날 테니까 하고 싶은 걸 할 때는 시간을 잊고 열중하도록 하세요. 돌아서 가는 길이 반드시 먼 길은 아니에요. 물론 순조롭다

고 해서 다 좋은 것도 아니죠. 모든 것이 순조롭기만을 바라지 말고, 실패나 고독도 맛보도록 하세요. 실패나 고독, 그리고 절망 속에서도 "나는 무슨 일이든 할 수 있어"라는 정신 상태를 갖도록 하세요. 어느 것 하나가 잘못된다 해도 무너지지 말고 더 힘을 내서 자신을 걸고, 여러분을 둘러싸고 있는 세계로 뛰어들도록 하세요.

– 무라카타 치유키, 《스무 살, 젊은이에게 고함》 중에서

아, "나는 무슨 일이든 할 수 있어"라니, 나는 왜 이렇게 꼰대 같은 이야기가 좋은 걸까. 이런 구닥다리 설교 같은 건 듣고 싶지 않지만 내게는 종종 이런 설교가 필요한 것은 왜일까. 아마도 훌륭한 사람이 되기 위해서가 아니라, 성공한 사람이 되기 위해서가 아니라, 적어도 살아 있는 만큼은 부끄럽지 않게, 정직하게 살고 싶으니까. 어떤 사람이 되든 아무것도 되지 못하든, 적어도 내가 원하는 삶을 살았다면 나중에 후회는 하지 않을 것 같으니까. 꼬부랑 할머니가 되어서도 마음속의 빛을 잃고 싶지 않으니까. 누가 알아주건 몰라주건, 청춘이고 싶으니까. 바로 그래서가 아닐까.

실패의 가능성을 생각하지 않고 사는 사람은 그가 아무리 대담한 삶을 살았다고 해도 무모하게 살았을 뿐이다. 실패의 가능성을 침착하게 바라보면서 대담하게 살아가는 사람이야말로 청춘을 제대로 산 것이다.

– 다치바나 다카시, 《청춘표류》 중에서

스무 살, 젊은이에게 고함
다치바나 다카시 | 말글빛냄 | 462쪽

다치바나 다카시와 도쿄대 다치바나 다카시 세미나 팀은 스무 살을 맞이한 청년들을 만나 이야기를 나누어 책으로 담았다. 알고 싶고 보고 싶은 것도 많은 나이의 그들은 어떤 고민을 나누고 있을까. 젊음이 무기지만 아직은 사회적 회복력이 더딘 그녀들의 이야기다.

청춘표류
다치바나 다카시 | 예문 | 287쪽

사진작가, 원숭이 조련사, 매사냥꾼, 프레임 빌더 등 이름부터 생소한 다양한 직업군의 청년들을 만나 이야기를 담았다. 각자가 지나온 시간을 거슬러 올라가면서 그들이 힘겹게 견뎌낸 방황과 실패를 따뜻한 시선으로 그려냈다. 잠시 자기만의 시간에 표류한 이들, 청춘이다.

HELLO, PEERS!

방구석 라디오
모자 | 첫눈

누구나 고민을 한다. 숱한 자책과 이유 모를 두려움 속에서 보낸 밤을 세면 손가락과 발가락을 다 접고도 모자라겠다. 그럼에도 불구하고 다음 날 눈을 뜰 수 있는 이유는 일상에서 마주치는 사람이, 사물이, 분위기가 전하는 위로 덕분이다. 이따금 그들은 말이 없다. 다만 나도 모르게 그것을 느끼고 있을 뿐.

H. instagram.com/firstsnowbooks

모나드의 영역
쓰쓰이 야스타카 | 은행나무

강변 둔치에서 한 여자의 오른팔이 발견된다. 때마침 자신을 '신 이상의 인물'이라며 미래를 점지하는 한 남자가 등장하고 혼란은 더욱 커진다. 《시간을 달리는 소녀》의 저자이기도 한 쓰쓰이 야스타카는 이 소동을 통해 인간의 어떤 영역을 보여주고 싶었던 걸까.

H. +ehbook.co.kr

노인과 소년
박완서 | 어린이작가정신

박완서 작가의 콩트집 《나의 아름다운 이웃》에 수록된 단편 소설이 그림책으로 발간되었다. 길을 한없이 걷고 있는 노인과 소년. 인간의 탐욕과 무자비, 공동체의 몰락을 벗어나 사람다운 삶을 향유할 수 있는 새로운 마을을 찾는다. 어디서 어떻게 살아야 하는지 마른 목소리로 묻는 책이다.

H. blog.naver.com/jakkajs

처음 만나는 영화
김성곤 | 알에이치코리아

1920년대부터 현재까지 약 90여 년 동안의 영화를 아우르는 영화 비평서다. 영화 속 다양한 장치와 의미를 이해하면서 진짜 영화 관람이 시작된다. 상업영화가 하류 문화로 취급 받던 시대에 빛을 발휘한 작품과 숨겨진 이야기는 깨달음이 된다.

H. rhk.co.kr

가족이 날 아프게 한다
시모주 아키코 | 경향BP

가족의 해체와 새로운 형태의 가족 출현, 급격한 노령화와 1인 가구의 급증. 한 테울에서 지내며 일거수일투족을 함께 하던 가족의 의미에도 변화가 생기기 시작했다. 가족의 본질을 돌아보며 우리가 껴안은 문제를 해석해 나간다. 그리고 그 끝에 정답이 있다.

H. instagram.com/kh_book

불온한 독서
아거 | 새물결플러스

독서는 가장 소극적인 고민의 방법이다. 가만히 앉아서 지면에 쓰여진 활자를 조용히 수용하기 때문이다. 그리고 책을 덮은 후, 세상과 연결된 생동감 있는 생각과 행동을 떠올리면 독서는 실천에 가장 적극적인 밑바탕이 된다. 책으로 할 수 있는 일이 무엇일까. 책으로 세상을 바꿀 수 있을까.

H. facebook.com/hwpbooks

우리는 거짓말쟁이
E. 록하트 | 열린책들

캐디는 부유한 백인 명문가 집안의 귀한 첫 손주다. 매년 여름에 모든 가족 구성원들이 모여 섬으로 놀러 가 평안한 휴가를 보낸다. 그러 던 어느 날, 외상성 뇌손상 진단을 받은 캐디는 열다섯 살의 여름을 마지막으로 기억을 잃는다. 다시 찾은 섬, 입을 굳게 다문 친구들이 그를 기다린다.

H. openbooks.co.kr

그레이엄 그린
그레엄 그린 | 현대문학

그린은 자신만의 날카로운 통찰력을 통해 현대 사회의 양가적인 모습과 모순을 깊게 파고드는 인물이다. 무엇보다 '소설이 무엇에 관심을 가져야 하는가'라는 근원적인 물음을 던지면서 문학의 책임과 대중이 좇아야 할 진리를 극명히 보여준다.

H. hdmh.co.kr

Hommage to FAUST

당신은 거부할 수 있는가?

MUSICAL
더데빌

Music by Woody Pak·Gihieh Lee ＋ Directed by Gina Lee

2017·02·14~04·30 드림아트센터 1관 에스비타운

임병근│고훈정│조형균│장승조│박영수│이충주│송용진│정욱진│리사│이하나│이예은

제작 PAGE 1 R&D │ 주관 CLIP service │ 예매 YES24.COM 공연 AUCTION.티켓 인터파크 티켓 하나티켓 │ 문의 1577-3363 (클립서비스)

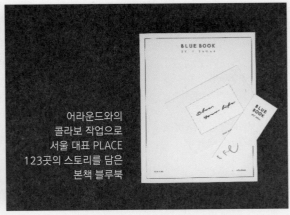

어라운드와의
콜라보 작업으로
서울 대표 PLACE
123곳의 스토리를 담은
본책 블루북

본책 수록
123 PLACE에서 사용 가능한
추가 혜택 바우처북

300여 PLACE의
추가 혜택 바우처도
편리하게,
블루북 APP

런칭 기념
블루북 × 폴바셋 기프트.
최대 50만원의 GIFT CARD와
룽고 아메리카노 바우처

블루북의 특별한 기프트가 포함된
'블루북 런칭기념' 특별한 블루박스는
블루북 공식 웹사이트(www.ibluebook.co.kr)와
교보문고에서 구매하실 수 있습니다.

× A R O U N D

발행인 Publisher
송원준 Song Wonjune

편집장 Editor in Chief
김이경 Kim Leekyeng

선임 에디터 Senior Editor
김건태 Kim Kuntae

에디터 Editor
이현아 Lee Hyuna
정혜미 Jeong Hyemi
김혜원 Kim Hyewon
이자연 Lee Jayeon

선임 디자이너 Senior Designer
윤원정 Yoon Wonjung

디자이너 Designer
최인애 Choi Inae

표지 Cover
안가람 Ahn Garam

포토그래퍼 Photographer
김길수 Kim Kilsoo
김연경 Kim Yeonkyung
박두산 Park Dusan
박소영 Bak Soyoung
안가람 Ahn Garam
안선근 Ahn Seongeun
윤동길 Yoon Donggil
하준호 Ha Junho
혜란 Hae Ran

영상 Film Maker
이와 Iwa

프로젝트에디터 Project Editor
박선아 Park Suna
이진주 Lee Jinju
정다운 Jung Daun
한수희 Han Suhui

일러스트레이터 Illustrator
강민정 Kang Minjeong
이영채 Lee Youngchae

교열 Copy Editor
기인선 Ki Inseon

마케팅 Marketing
조수진 Cho Soojin

경영지원 Management Support
박혜미 Park Hyemi

광고 Advertisement
김양호 이상훈

발행 Publishing
(주) 어라운드
도서등록번호 제 2014-000186호
출판등록일 2009년 12월 5일
ISSN 2287-4216
창간 2012년 8월 20일

인쇄 (주)상지사피앤비
제본 과성제책

AROUND inc.
서울시 마포구 상암동 1654 DMC 이안상암 1단지 1001호
1001, Iaan 1st, Sangam dong 1654, Mapogu, Seoul, Korea
www.a-round.kr

프랑스 국립
오르세미술관
Exposition du 30ème anniversaire du
Musée d'Orsay

예술의전당
16.10.29 ~ 17.3.5

이삭줍기展

밀레의 꿈, 고흐의 열정

Rêve de Millet, Passion de Van Gogh

Musée d'Orsay

예술의전당 Seoul Arts Center

지엔씨미디어
Global Network of Culture
후원

외교부
Ministry of Foreign Affairs
문화체육관광부
Ministry of Culture, Sports and Tourism

AMBASSADE DE FRANCE
EN CORÉE
RÉPUBLIQUE FRANÇAISE

INSTITUT
FRANÇAIS

2015-2016 한-불 상호교류의 해 공식인증사업 : www.anneefrancecoree.kr

VOL.01 VOL.02 VOL.03 VOL.04 VOL.05 VOL.06 VOL.07 VOL.08 VOL.09
VOL.10 VOL.11 VOL.12 VOL.13 VOL.14 VOL.15 VOL.16 VOL.17 VOL.18
VOL.19 VOL.20 VOL.21 VOL.22 VOL.23 VOL.24 VOL.25 VOL.26 VOL.27
VOL.28 VOL.29 VOL.30 VOL.31 VOL.32 VOL.33 VOL.34 VOL.35 VOL.36
VOL.37 VOL.38 VOL.39 VOL.40 VOL.41 VOL.42 VOL.43

정기구독 안내

어라운드는 월간지로 매달 발행됩니다.
정기구독 신청자에게는 할인 혜택과 함께
매달 특별한 엽서와 배지를 드립니다.

1년 정기구독 총 11권 (7·8월 합본호)
148,500원(10%할인)
aroundstore.kr

광고문의 ad@a-round.kr | 070 8650 6378
구독문의 magazine@a-round.kr | 070 8650 6375
기타문의 around@a-round.kr | 02 6404 5030
어라운드빌리지 around@a-round.kr | 070 8638 6214

MAGAZINE a-round.kr
STORE aroundstore.kr
INSTAGRAM instagram.com/aroundmagazine
        instagram.com/aroundmagazine.eng
FACEBOOK facebook.com/around.play
FILM vimeo.com/around
BLOG blog.naver.com/pgbook2